尖沙咀海濱

尖沙咀海濱

歷史、城市發展及大眾集體記憶

蔡思行

CITY UNIVERSITY OF
HONG KONG PRESS
香港城市大學出版社

衞奕信勳爵文物信託資助

衞奕信勳爵文物信託
THE LORD WILSON
HERITAGE TRUST

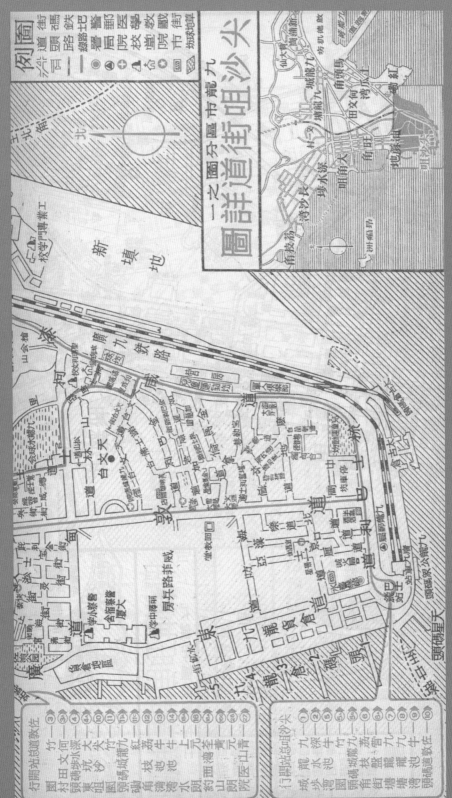

1962年尖沙咀街道圖

在尖沙咀海濱重新規畫發展前夕，九龍倉碼頭、九廣鐵路尖沙咀段和太古倉碼頭完全佔領每濱貴重地皮位置。梳士巴利道則有水警總部、消防局、郵政局等政府及公用設施。（《華僑日報香港年鑑第15回》）

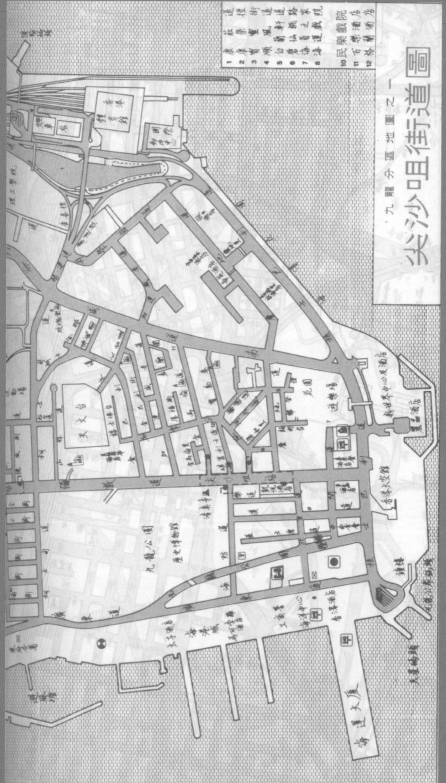

1989 年尖沙咀街道圖

九龍分區地圖之一
尖沙咀街道圖

	道	樓	街	道	道	路	之	院		院	店	店
1	東泰街	2	承賓順	3	爾蘭軒道	4	台彌敦道	5	彌弘馬名之	6	彌連戲	7	法遠店	8	忽栩酒店	10	民樂戲院	11	百樂酒店	12	忠栩酒店

此時的地圖清晰地反映了整個尖沙咀海濱發生了翻天覆地的變化：由西至東看，昔日的
九龍倉碼頭至紅磡新填地一帶，新建了海港城、太空館、新世界中心，包括香格里拉酒
店在內的尖東新商業發展區、國際郵件中心、香港體育館和紅磡火車站等。《華僑日報
香港年鑑第 42 回》

維多利亞港

香港理工大學

星光中心
賴文華中心
華樂廣場
平價商場
不擇手段世界
看港酒店

美麗都大廈
香港歷史博物館
香港科學館
東海商業中心
希爾頓大廈
半島中心商場
好時中心商場
九龍香格里拉大酒店

兩洋中心商場
富豪九龍酒店
帝國酒店
海景嘉福洲際酒店

尖沙咀
海運北角
尖沙咀中心

市政局百週年紀念公園
希爾頓酒店
希苑酒店

幸福中心
明輝中心
安達中心

永安廣場

尖東站
環球貿易廣場

Victoria Dockside

香港洲際酒店

香港天文台

美麗華廣場

The ONE

K11

尖沙咀站

重慶大廈

觀塘山花園

尖東站

流士巴利花園

香港大空館
香港藝術館

九龍公園

ISQUARE
國際廣場

半島酒店

尖沙咀海濱道
梳士巴利道

柯士甸道

九龍公園徑

梳士巴利道

香港文化中心
尖沙咀鐘樓

1881
Heritage

星光行

海港城

戲曲中心

中港城

香港太子酒店
港威大廈
香港港威酒店

九倉電訊中心
海洋城

大星碼頭

中港城碼頭

海運大廈

編　　輯	陳小歡	
封面設計	蕭慧敏	
版式設計	劉偉進	

本書部分圖片承蒙下列機構及人士慨允轉載，謹此致謝：本社已盡最大努力，確認圖片之作者或版權持有人，並作出轉載申請。

Casper1774Studio (p. 12); Chun Yip WONG (p. 65); Evans (p. 33); Pictorial Parade (pp. 156–157); Three Lions (p. 17); 香港社會回顧項目 (pp. 36–38, 40, 44, 56, 63); YiuTung LEE (p. 85).

本社已盡最大努力，確認圖片之作者或版權持有人，並作出轉載申請。唯部分圖片年份久遠，未能確認或聯絡作者或原出版社。如作者或版權持有人發現書中之圖片版權為其擁有，懇請與本社聯絡，本社當立即補辦申請手續。

國際統一書號：978-962-937-421-1

出版

　　　香港城市大學出版社
　　　香港九龍達之路
　　　香港城市大學
　　　網址：www.cityu.edu.hk/upress
　　　電郵：upress@cityu.edu.hk

©2019 City University of Hong Kong

The History, Development of City and Collective Memory of Tsim Sha Tsui Seafront
(in traditional Chinese characters)

ISBN: 978-962-937-421-1

Published by
　　　City University of Hong Kong Press
　　　Tat Chee Avenue
　　　Kowloon, Hong Kong
　　　Website: www.cityu.edu.hk/upress
　　　E-mail: upress@cityu.edu.hk

Printed in Hong Kong

目錄

自序 ⸻⸻⸻⸻⸻⸻ xiii

第一章　尖沙咀海濱的歷史變遷 ⸻⸻ 1

　作為交通樞紐的尖沙咀海濱 ⸻⸻ 4

　作為旅遊、消費及文化中心的尖沙咀海濱 ⸻ 18

第二章　從公用到私用的發展：
　　　　九龍倉碼頭到今日的海港城 ⸻ 31

　從九龍倉到貨運、郵輪和商場並舉 ⸻ 34

　分比合難：海運大廈、海洋中心和星光行發展的
　　　離離合合 ⸻⸻⸻⸻ 47

　海港城的發展挑戰 ⸻⸻⸻ 65

第三章　海濱日常生活：閒暇與繁華 ⸻ 77

　尖沙咀海濱長廊至海港城的公共空間 ⸻ 79

　文化中心廣場：公共空間的經營 ⸻ 92

　新世界中心：閒暇與盛事之域 ⸻ 97

　尖沙咀東部：「金腰帶」與「綠腰帶」 ⸻ 105

第四章　集體記憶：保留？保育？ ⸻ 129

　保留？發展？
　　　拆卸舊尖沙咀火車站與興建文化中心的爭議 ⸻ 131

　尖沙咀天星碼頭巴士總站保留之爭 ⸻ 155

　1881 Heritage的活化 ⸻⸻ 161

結語：尖沙咀海濱未來發展的方向 ⸻ 185

參考資料及書目 ⸻⸻⸻ 191

自序

　　感謝衞奕信勳爵文物信託的慷慨資助，使這項為期兩年關於尖沙咀海濱發展歷史，橫跨集體記憶、歷史建築保育、商業史、城市綠化等課題的前瞻性研究項目能夠成功落實。香港樹仁大學大學研究總監陳蒨教授對這個研究項目的寶貴的建議和真摯鼓勵，筆者尤為感激！繼筆者早前所著的《戰後新界發展史》後，「香港社會發展回顧項目」再次大力支持是次研究計劃，為我們搜集資料和口述歷史檔案提供了十分專業的協助，並借出嘉道理兄弟參與尖沙咀海濱發展項目的政府委員會及公司檔案所載的珍貴相片，讓本書刊登，誠為香港商業機構管理檔案庫中的一所專業機構，為研究者提供最竭誠的協助。香港大學孔安道紀念圖書館及香港政府檔案處是「香港研究」的兩座「寶山」，能獲得其專業人員的協助，筆者銘感於心。研究團隊尤其感謝二十多位在尖沙咀海濱長年工作、生活及遊覽的人士接受口述歷史訪問，他們無私的分享，補充及訂正了文字歷史紀錄，是當代第一身的經歷及無可取代的寶貴紀錄。筆者十分感謝研究團隊成員嘉柏權、蔡青慧、許宇琪、陳銘洇及陳諾婷協助進行檔案資料搜集和口述歷史訪問等艱辛工作，令是次研究項目能在短時間內順利完成。筆者亦很感謝匿名評審的寶貴意見，這才注意到需要補充尖沙咀海濱雖為人所熟識，但從未有完全整理的戰後發展歷程的部分。

　　尖沙咀海濱曾經是香港海陸空交通的樞紐，自 1960 年代起先後成為九龍半島以至整個香港的旅遊、消費、商業、文化和康樂活動中心的龍頭,其重要性自不待言,但筆者開展這項研究和寫作項目,並不單純因為要進行一項重要的學術研究 —— 尖沙咀海濱讓香港由純海港城市,轉變為多元化以海濱為中心(包含尖沙咀、中環、灣仔及觀塘海濱)的商業、旅遊和消費服務的國際都會 —— 同時亦源於個人的生活經歷。筆者作為久居新界30年的「鄉下人」,在西鐵尚未開通至尖沙咀及尖東的年代,乘搭九巴前往尖沙咀海濱,就是為了到訪當時仍位處星光行的商務印書館尖沙咀圖書中心(今日的同一位置變成了誠品書店)、海港城尚未結業的葉壹堂、位於樂道數十年不變的辰衝書店,以及位於尖東的香港歷史博物館。如此「正經」的遊歷過程,對尖沙咀海濱的感受不免流於片面。然而,想不到在十多年後查找尖沙咀海濱的相關歷史文獻檔案時,發現當年憑「直覺」由彌敦道走到海防道,穿過海港城商場前往星光行和尖沙咀天星碼頭的路線,早已在1960年代發展海運大廈人士的規劃之中!

2011年和現時的太太剛起情愫,不免跟隨幾十年香港情侶的腳步,走遍尖沙咀海濱和尖東一帶。第一次約會的地方是香港科學館,我們還在華懋戲院、帝苑酒店的餅店、星光大道、藝術博物館內望向海港的「梳化」、海港城近天星碼頭的行人長廊,留下不少回憶。三年後籌備婚禮,半島酒店最低消費的婚宴套餐十分吸引,但宴會廳面積太小,實在無法容納所有親朋戚友。別無他法,只可以選擇在尖東舉行婚宴,也在尖東海濱長廊拍婚照留倩影,意外地對尖東1990年代至今不變的金光閃爍建築物群留下刻骨銘心的印象。

婚後移居港島區,尖沙咀海濱逛得更多了,但以往的「拍拖」勝地藝術博物館及位於梳士巴利道地下的「名店城」都先後重建或拆卸,我們沒機會再訪星光大道便已關閉重修,於是只能經常穿過廣東道或海港城前往天星碼頭乘船回家。太太說起其父親曾在舊香港從事多個行業,如開設出租二手書及漫畫的街邊檔,也曾居住在尖沙咀廣東道,以便前往當年位於梳士巴利道的尖沙咀火車站前往羅湖,再轉至廣州。這和現實中已成為自由行遊客充斥的名店街,不免有着明顯的歷史疏離感。

2019 年 6 月 1 日,筆者帶領長春社文化古蹟資源中心舉辦的尖沙咀海濱導賞團,發現大家對尖沙咀海濱都有不同的認識:有些團友不清楚「五枝旗杆」的位置;一位女團友則清楚指出在過往海運大廈對出廣場的浮雕噴泉,市民可以「私自」在水池放模型船;一位男團友則有一個疑問:為什麼星光大道上有卡通人物麥兜銅像及手印,卻沒有老夫子。由個人、家庭至香港人,尖沙咀海濱和尖東為什麼滿載如此大量不同的集體記憶?公共設施及私人商業建築群遍佈的海濱,如何解決保留、拆卸、重建和保育具歷史價值建築物的爭議?擁有全長四公里海濱長廊及眾多公園的尖沙咀海濱,如何解決市民與遊客、康樂與商業對公共空間的競逐和爭議?這些問題都會在本書中有詳細的剖析和討論。

最後,本書的研究和寫作歷程,差不多伴隨稚兒的出生和成長而進行。有不少時候忙着搜集資料和寫作,不免疏忽了對稚兒的照顧。幸有岳母鄺瑞勤女士,她與不少香港人一樣勤奮,一方面為口奔馳,另一方面不惜犧牲寶貴的休息時間,任勞任怨地協助照顧稚兒。沒有她,這本書相信無法及時付梓出版。

蔡思行
2019 年 6 月 6 日
北角寶馬山

Kowloon Ferry.

No. 72

約 1910 年代的尖沙咀鐵路碼頭，是前往尖沙咀火車站的必經之路。（蔡思行藏）

第一章
尖沙咀海濱的歷史變遷

1966 年至 2009 年間，海港城（包括海運大廈、香港酒店、海洋中心、海洋廊和港威商場）、新世界中心、中港城、香港文化中心，以及 1881 Heritage 先後落成啟用，分別取代了九龍倉貨運碼頭、藍煙囪貨倉碼頭、前九龍皇家海軍船塢、前尖沙咀火車站和前香港水警總部這些貨運、交通、公共設施和政府建築物，確立了尖沙咀海濱作為旅遊、消費和文化中心的地位，並增加其通往世界、澳門和珠三角各港口的地區性水路客運中心角色。

　　要描述和分析尖沙咀海濱歷史、城市發展和大眾集體記憶，必先清楚界定尖沙咀海濱所指涉的範圍；要說明尖沙咀海濱的範圍，亦不可避免討論尖沙咀在歷史上以至今天香港市民及遊客在日常生活所指涉或想像的確實位置。早於明朝萬曆年間，郭棐編寫的《粵大記》便有「尖沙嘴」一地的記載，因尖沙咀位處海水為官涌山所阻，南端形成既尖且長的沙灘，故名尖沙咀。1819 年編寫的《嘉慶新安縣志》則有「尖沙頭」村的記載，20 年後該村村民林維喜與英國水手發生毆鬥，最終成為鴉片戰爭的導火線之一。尖沙咀村現存的準確位置不可考，據學者考據，推斷為加拿芬道、赫德道和康和里環繞的位置。[1]

　　尖沙咀村的準確位置已失去現實日常生活認識的意義。今天尖沙咀廣義的範圍北抵柯士甸道，南抵尖沙咀海濱的星光大道，西至廣東道中港城、海港城沿海地域，東至漆咸道南。尖沙咀狹義的準確位置可以指為今天港鐵尖沙咀站圍繞彌敦道的 A、B、C 及 D 出口附近的街道。然而，對於每一個香港市民或遊客來說，尖沙咀的位置可以指稱上述尖沙咀廣義範圍內任何一座他們經常流連消費或工作的建築物或街道，尖沙咀位置的定義亦可以隨時代的改變、消費及街頭流連點之更替而有所變化。以「消費」為區分的，可以將尖沙咀指稱海港城、新世界中心（或今日拆卸重建後的 Victoria Dockside）、K11、重慶大廈、iSquare、美麗華廣場、彌敦道和廣東道等；以「文娛」為區分的，可以將尖沙咀指稱為香港文化中心、藝術博物館、太空館、半島酒店、YMCA、星光花園（或 2019 年 1 月重開的星光大道）等；以「街頭流連」為區分的，可以將尖沙咀指稱星光行前的五枝旗杆、尖沙咀鐘樓、文化中心前的長樓梯和諾士佛台的酒吧等。尖沙咀海濱的定義亦可分廣義和狹義兩種，前者可以指稱尖沙咀區整條海岸線的區域，由中港城碼頭開始，經過海港城南迄尖沙咀天星碼頭，再往東經過九龍公眾碼頭、藝術博物館及文化中心對開海濱長廊，再經過星光大道，沿尖沙咀海濱公園至紅磡海底隧道為止；後者則為一般市民和遊客的普遍認識：海運大廈前方沿海廣場開始，經尖沙咀天星碼頭至星光大道為止。[2]

本書主要集中描述戰後廣東道至梳士巴利道的尖沙咀海濱發展歷史，以及日常生活和大眾集體記憶的營造。因此本書討論的重點並不是尖沙咀海岸線和填海的關係，而是着重尖沙咀海濱在 1960 年代至今成為尖沙咀代表的起承轉合，並探討尖沙咀海濱未來發展的可能方向。

根據 1974 年 7 月工務司署（Public Works Department）土地及測量處設計科和 1976 年 6 月城市設計處（Town Planning Board）撰寫關於尖沙咀分區計劃大綱圖的說明文件，認為整個尖沙咀區有以下經濟和發展的角色：[3]

第一，傳統上之商業及住宅區，但區內人口自 1961 年起逐年下跌，商業用途的樓宇逐漸取代住宅大廈；

第二，倉庫和貨物起卸業曾是區內重要的經濟活動，但隨着葵涌貨櫃碼頭的發展而逐漸衰落；

第三，娛樂和旅遊中心，是全港酒店、戲院、夜總會、餐廳、酒店、咖啡廳和其他娛樂設施最集中的地方，當時便為訪港旅客提供佔全港數量約一半的酒店房間；

第四，傳統九龍半島區的零售消費中心，雖然新九龍的發展令區內部分商舖遷往該處營業，但尖沙咀交通方便和旅客的集中，仍然使之成為全港最主要的消費中心；

第五，正在經歷行政、商業、金融和專業活動發展的浪潮。區內設有多個政府部門辦公室、大量最重要金融和國家級公司的總部或分區辦事處；

第六，教育、文化和康樂中心。隨着香港理工學院的擴建、舊尖沙咀火車站原址興建市民中心，以及未來興建紅磡室內運動場、舊威菲路兵房（Whitfield Barracks）和九龍公園都會加強上述的角色；

第七，重要運輸交通中心的角色。隨着紅磡新火車總站和建議在中間道遊樂場興建的市區登機大樓（downtown air terminal），都令區內成為香港公路、鐵路、海路和航空最優良的轉運站。

上述論及尖沙咀具備的七種角色，本書討論的尖沙咀海濱亦悉皆兼備。本節將按時序詳細描述及分析尖沙咀海濱區域作為交通樞紐、旅遊、消費及文化中心的發展歷程，以見此區域由單純的交通及貨運樞紐逐漸確立其在香港主要商業、零售、旅遊、康樂、文化、娛樂以至傳統交通中心的地位。

作為交通樞紐的尖沙咀海濱

天星碼頭

自 1874 年風災大幅度破壞九龍半島西岸後，亞美尼亞商人遮打（Catchick Paul Chater）以巨資投得尖沙咀西面沿海土地，發展貨運及倉庫業，對九龍半島的發展投下信心的一票。然而，需要在新投得的土地進行建設，仍需要來自港島區員工的協助，這促成了來往維港的實際客運需要。因此，天星小輪（The Star Ferry Company）前身——九龍小輪公司（Kowloon Ferry Company）的創辦人、印度巴斯商人米泰華拉（Dorabjee Naorojee Mithaiwala）開始為九龍倉員工提供點到點的客運服務，並在 1880 年開始以名叫 *Morning Star* 的輪船提供來往中環畢打碼頭至九龍角（Kowloon Point）的客運服務。其後九龍小輪公司更擊敗競爭對手，在 1890 年代初開始壟斷接載九龍倉員工客運服務的合約。米泰華拉在港營商多年，開始打算回印度退休，由於他與九龍倉關係密切，最終促成他在 1898 年 4 月 5 日將其公司名下所有輪船售予九龍倉，並成立今日的天星小輪公司。兩日後，九龍倉更將其貨倉正閘對開的碼頭給予新公司獨家使用。[4] 這奠定了尖沙咀海濱成為來往港九的客運中心地位。

1906 年 4 月 1 日，由九龍倉興建、位於九龍角的尖沙咀新天星碼頭啟用，碼頭提供不同的出入口讓乘搭頭等倉和二等倉的乘客使用，以防爭執。[5] 同年 9 月 18 日颱風來襲，吹毀新建成的碼頭，尖沙咀的乘客只能在水警碼頭上船前往中環的卜公碼頭。[6] 直至 1910 年 9 月 26 日，在預期即將落成啟用的九廣鐵路會帶來額外橫渡維港的交通需求下，香港政府拍賣今日尖沙咀天星碼頭的現址及中環雪廠街對出官地，分別興建兩座及營運一座客運碼頭，天星小輪公司以 17,900 港元投得上述地段的使用權。一座用作來往九龍和港島的客運碼頭，另一座則是服務九廣鐵路的鐵路碼頭。[7] 1924 年 4 月，Messrs. Leigh & Orange 代表天星小輪公司向政府申請擴建鐵路碼頭，增加面積達 450 平方呎，並以每年租金 450 港元向政府承租擴建後的整個尖沙咀天星碼頭位處的官地。同年 6 月更將要求擴建的面積增加至 950 平方呎。[8]

戰後，隨着香港經濟的逐步發展，來往維多利亞港兩岸的交通需求日增，作為來往九龍尖沙咀和港島中環海路交通主要交通工具之一的天星小輪，在 1950 年代上半葉，每日便有十萬人次乘搭，舊有的尖沙咀和中環天星碼頭設備已不敷應用，於是在 1957 年便先後建成新的尖沙咀和中環碼頭。兩座碼頭設計雷同，高兩層，面海方向左右兩面設有凸出橋位，成 U 字型設計，同時可以停泊四艘渡海小輪，較之前的碼頭增加一倍容量。此外，頭等倉和三等倉的乘客進出口都是分開的，乘客下船途中便可以讓下一班的乘客登船，增加了渡海小輪的上下船效率。[9]

尖沙咀天星碼頭可說是體驗尖沙咀海濱日常生活的最佳場所。1968 年 12 月出版的第 35 期《新女性》雜誌，「蘭亭」（筆名）在其專欄「新女性隨筆」撰寫了一篇文章，當中以白領女性的角度描述了其在尖沙咀天星碼頭乘搭天星小輪到中環上班的經驗，反映了天星碼頭乘客的眾生相：

> 在 Office Hour 我一定乘二等，祇花一角錢在五分鐘便到中區了，頭等就得二角五分，在經濟上來說真的不划算。
>
> 天星碼頭上，不論是頭等、三等的人，都比任何一處的渡海小輪的乘客斯文，我不是有意誇大。
>
> 哪怕是穿得時髦入時的小姐，旁邊是個苦力都是天星小輪三等的小鏡頭，其實又有何不可能，穿得時髦，和穿着得樸素，大家都是人類。

假如在周末，你沒有好去處，到天星碼頭來往的人群，你會覺得置身於時裝表演晚會中，女士們的打扮美豔絕倫，男士們的筆挺西裝和時款的尼克魯裝……看得你眼光繚亂。[10]

如果尖沙咀天星碼頭是尖沙咀海濱的代表，上述關於天星碼頭的眾生相反映了尖沙咀海濱在 1960 年代末的性格：中產與勞動階層的共融，本地、西方與印度的混合。隨着紅磡海底隧道通車，政府當局曾預期乘搭天星小輪來往尖沙咀和港島區的市民數目將會減少，所以便建議天星小輪將其在尖沙咀的營運完全遷至紅磡新火車總站以東海旁的紅磡渡輪碼頭。然而，由於來往紅磡和尖沙咀的接駁巴士班次稀少，加上市民須繳付額外車資才能到達尖沙咀，對九廣鐵路或乘搭隧道巴士的乘客欠缺吸引力，所以搬遷的建議不了了之。[11] 到了 1980 年代起，尖沙咀愈來愈多商業活動，更多上班人士乘搭天星小輪進出尖沙咀海濱，他們都比較「斯文」，屬中產階級，與香港其他地區如深水埗等有明顯的分別。此外，由於上班人士眾多，當時天星碼頭便有八個街頭報紙檔營業，但隨着在尖沙咀上班人士人數的減少，現在只剩下四個報紙檔繼續經營。[12]

「嘩啦嘩啦」

鄰近尖沙咀天星碼頭和尖沙咀火車站的九龍公眾碼頭亦是尖沙咀海濱重要的水路交通中心和景點。九龍公眾碼頭在尖沙咀火車站拆卸前又稱為九龍尖沙咀鐵路碼頭。1975 年，英女皇伊利莎伯二世訪港，便是在該碼頭乘搭「慕蓮夫人號」(Lady Maurine) 渡過維港進行訪問。港督尤德抵港履新，亦是在九龍公眾碼頭乘船到港島皇后碼頭上岸,前往就職典禮現場。[13] 除了服務英國皇室和港督外,九龍公眾碼頭更是尖沙咀天星碼頭以外前往港島區的重要水運中心。香港自 1905 年開始有船公司開設俗稱「嘩啦嘩啦」的水上的士服務,讓市民及遊客可以分別在九龍尖沙咀的九龍公眾碼頭、中環卜公碼頭(後來啟用的皇后碼頭)乘搭,成為另一可以橫渡維港的水路交通工具。[14] 除了在渡海小輪因服務時間結束或颱風停駛時提供渡海服務外,「嘩啦嘩啦」亦提供讓乘客前往未有泊岸、停泊在維港海中心遠洋輪船的接駁服務。[15] 撇除「嘩啦嘩啦」在滿足現實的交通需要外,它較天星小輪多了一份驚奇的想像空間。如 1929年 9 月 20 日《孖剌西報》(*Hong Kong Daily Press*)中刊登 Herbert Field 的短篇小說,敍述不少來港冒險謀生的年輕歐籍青年,在香港無法謀利以致一貧如洗的情況下,乘坐「嘩啦嘩啦」前往回老家的遠洋輪船,並躲在機房以逃避查票。Field 筆下「嘩啦嘩啦」啟航的一幕,成為這批失意西人在香港無奈的落幕:

今是午夜。

月光在海港鋪設了一道銀色的通道。最後一班天星小輪已經開出。一艘孤獨、發出突突聲的嘩啦嘩啦前往卜公碼頭。天上繁星倒影在風平浪靜的維港水面上跳動並閃閃發光,已遠超港島上閃鑠的燈光。

悄然泊在碼頭,一艘大型出海帆船打破了寂靜的深夜。她巨型的竹製風帆已經展開並調整完畢。船長、女舵手和兩位伙計寂靜地努力推動船槳,協助船隻緩慢出港。

It is midnight.

The moon lights a silver pathway across the harbor. The last wandering Star Ferry has gone to bed. One lone walla-walla is chugging its way across to Blake Pier. The twinkling lights dotted about the Island are outnumbered by the myriads of stars whose reflections dance and scintillate upon the calm surface of the water.

Creeping silently down the harbor, a large sea-going junk steals into the night. Her gigantic bamboo-stayed sail is set and trimmed. Noiselessly, the master, mistress and two fokis wield huge, muffled oars in an endeavor to assist her slow progress.[16]

此外，作為香港的象徵符號之一的人力車，亦經常停泊在九龍公眾碼頭及尖沙咀火車站外，分別服務下船和下火車的乘客。[17] 這既有實際的交通接駁需要，亦是戰前及戰後一段時間尖沙咀海濱不可或缺的點綴之一。

由於一般乘搭「嘩啦嘩啦」的乘客並沒有其他替代的交通工具可以選擇，所以其服務收費並不便宜，以 1941 年為例，若按時間收費，租用一艘「嘩啦嘩啦」的收費見表 1.1。[18]

到戰後直至 1972 年紅磡海底隧道通車前，水路是來往維港的唯一公共交通工具。來往尖沙咀與香港的天星小輪

表 1.1 「嘩啦嘩啦」收費表

租用時間	收費（港元）
30 分鐘以下	早上 7 時至午夜 12 時，1.8 元； 午夜 12 時至早上 7 時，2.1 元
30 分鐘至 45 分鐘	介乎 2.7 元至 3.2 元
45 分鐘至 1 小時	介乎 3.3 元至 3.9 元
1 小時至 1.5 小時	介乎 4.5 元至 4.9 元
超過 1.5 小時後每小時及不足 1 小時	介乎 3 元至 3.3 元

在凌晨兩時多開出最後一班船後,「嘩啦嘩啦」在尖沙咀海濱便是獨市生意。以 1950 年代中為例,「嘩啦嘩啦」每程可以載客 15 人,每名乘客收費 5 毫至 1 元,但一般要有 6 名或以上乘客上船後才會開出。如果有乘客趕時間,亦可單獨租下「嘩啦嘩啦」出發,收費為 3 元。[19] 隨着上述海底隧道通車後,渡海小輪的生意受到一定程度的影響,「嘩啦嘩啦」的生意更受影響,開始出租成為電影海報海上宣傳板,[20] 逐漸成為歷史。

九龍公眾碼頭除了是小型船隻上落客的集中地外,亦是 1960 至 1970 年代海浴旅行(在海中暢泳及遊船河活動)主要出發地,及明星推銷政府獎券活動的場所。此外,1978 年前的維港渡海泳亦以該碼頭為出發地點,使尖沙咀海濱成為這一年一度游泳體育盛事的焦點所在。[21] 不過,2011 年復辦的維港渡海泳,其出發以至終點位置都完全離開尖沙咀海濱的任何位置,誠為可惜。至 1986 年,港府決定耗資 3,200 萬港元擴建九龍公眾碼頭,使原來的泊位由兩個增至六個,並且同時興建連接尖沙咀海濱花園的高架行人橋,[22] 新九龍公眾碼頭至今成為觀光船隻如中式帆船「鴨靈號」(Dukling)和「張保仔號」(Aqua Luna),以及行人遊覽海濱景色的集中地。

天星碼頭巴士總站

除了水路交通外,尖沙咀海濱亦是陸路交通的樞紐,這包括分別在 1921 年和 1916 年啟用的尖沙咀天星碼頭巴士總站和九廣鐵路在九龍的總站——尖沙咀火車站。1909 年,開始有九龍半島公共汽車(public motor-car)服務來往尖沙咀天星碼頭和紅磡九龍船塢，每名乘客收費 1 毫。
如每程乘客不足三人的話，則每名乘客收費 3 毫。[23] 1921
年，為人所熟識的尖沙咀天星碼頭巴士總站啟用，1 號巴士
來往尖沙咀天星碼頭和深水埗。1933 年，九龍巴士有限公
司成立，更以此作為其九龍巴士服務的總站。[24] 戰後，乘
搭渡海天星小輪的乘客增加，他們在下船後到天星碼頭巴
士總站乘車，因爭先恐後而造成混亂，於是巴士公司先後
在 1950 和 1957 年於巴士總站每一路線的候車站台增設鐵
欄，並在連接碼頭和巴士站的行人路增畫斑馬線，以改善
候車的秩序和安全。[25] 然而，這些改動未能滿足其後尖沙咀
由純粹船運貨倉和旅遊中心改變為香港最重要的商業和消
費中心所帶來急劇增加的交通需要，因此在 1960 至 1970
年代，便出現擴建尖沙咀巴士總站甚至整個遷移的討論，
詳情參見本書第四章的相關討論。

尖沙咀火車總站

至於九龍火車總站，雖然九廣鐵路英段（羅湖至尖沙
咀）在 1910 年 10 月 1 日已經落成通車，但對於九龍總站
的選址仍爭拗不斷，致使開幕時需要向九龍倉租用貨倉作
為臨時總站。[26] 1913 年 2 月，在行政局和立法局成員一
致同意下，香港政府終於決定在九龍角興建九廣鐵路的九
龍總站大樓連火車月台。月台位於介乎藍煙囪貨倉（Holt's
Godown）和梳士巴利道南端天星碼頭前約 11.5 英畝的用
地，火車車軌雙線由紅磡出發，至尖沙咀時分作八條火車
軌進入總站火車月台。至於位於尖沙咀海旁的火車總站大
樓，以紅磚及花崗石興建，樓高兩層，可以容納多條高 30
英尺羅馬式圓柱，以及位於大樓西南方、高 130 英尺的鐘

今天的尖沙咀火車站鐘樓

樓，當時預期大樓會成為九龍半島以至整個殖民地的地標。乘客進入火車站大樓不久，便需要接受九龍關關卡人員的檢查，之後頭等和二等的乘客，以及三等乘客便須從左右兩面通道前往候車月台。來自新加坡的建築師亨巴克（Arthur Benison Hubback）作了十分貼心的設計：為免陸路或水路到達車站的乘客受天雨影響，他特別設計了 60 乘 40 英尺的門廊，讓乘客下車時不會弄濕。天星小輪的乘客亦可以在有蓋柱廊行人路前往鐘樓位置。[27] 總站大樓興建工程在 1914 年 3 月 1 日展開，共費 173,847 港元，並在 1916 年 3 月 28 日正式啟用。而實際上在總站大樓建成前，九廣鐵路英段與尖沙咀總站月台已在 1914 年 4 月初連接並啟用。至於車站著名的鐘樓，由於該塔鐘所費不菲，需要額外借錢購置，港督梅含理（Francis Henry May）認為它對火車站來説並非急需，所以擱置興建。直至 1921 年，鐘樓才正式建成。鐘樓內報時銅鐘重約一噸，由世界著名鐘錶製造廠 Gents' of Leicester 製造，當時耗費了 8,502 港元，成為今天唯一屹立尖沙咀海濱的車站遺址。[28]

香港政府當初興建尖沙咀火車站這一英式建築有着表現英國殖民地風格的構想，但實際上主要使用九廣鐵路的香港華人則在此感受到傳統中國的習俗和現代中國的脈搏。為了長遠解決利用中國水域走私鴉片的問題，隸屬洋人控制的中國海關的九龍關自 1887 年起建立，便先後隸屬於清廷和民國政府。九龍關先後在皇后大道中和尖沙咀火車站開設總部和分卡，成為中國政府在香港境內的執法機關。香港自晚清開始便成為境內走私漏稅的集中地，所以九龍關關員對於乘搭九廣鐵路前往中國內地的乘客，多詳細搜查隨身行李以至搜身，因此在戰前便曾發生女乘客反對九龍關人員在公眾場合對她們搜身的事件。[29] 除了這少數不愉快的經歷外，香港市民在尖沙咀火車站的最重要集體記憶必定是排隊。1955 年 8 月 9 日起，粵籍香港居民前往廣東省前，需要向香港政府申請一次性的「邊境通行證」，乘客可以在尖沙咀火車站內近第五及第六月台出口處的入境處辦事處登記申請。由於申請赴穗的港人人數眾多，導致火車站外經常出現徹夜輪候的人群，當局於是在同年 11 月增設軍器廠街警察總部作為登記處，唯一個月後關閉。[30] 此外，每逢農曆新年、清明節、復活節及重陽節，尖沙咀火車站均出現乘火車回穗過節，或前往新界郊遊，或至粉嶺和合石、羅湖沙嶺掃墓拜山的人龍，人龍可以排至廣東道、彌敦道口甚至天文台對開位置，每日以數千人計，九廣鐵路方面需要實行人流管制措施，這均是 1950 年代至 1970 年代火車站關閉前的常態。[31]

除了節慶活動外，尖沙咀火車站也是戰後香港人前往中國內地進行文化交流和商業貿易的必經之道，因此成為市民歡送親友的重要場所。1958 年大躍進期間，不少愛國的香港技工乘搭火車回廣州貢獻祖國的工業建設，眾多親友在火車站前歡送。1965 年 1 月，後來成為文化大革命期間八大樣板戲之一的《紅燈記》由中國京劇院在深圳公演，

九廣鐵路在尖沙咀火車站外疏導人流的指示牌。（《華僑日報》，1959年10月10日）

1967年重陽節期間掃基的香港市民在尖沙咀火車站外大排長龍（《工商晚報》，1967年10月12日）

中國旅行社在尖沙咀火車站的辦事處出售該現代京劇的個人門票。[32] 同年 8 月，蓮香樓主理人顏同珍率領香港同章足球隊訪問京滬杭穗等地二十多天，返港時，在尖沙咀火車站受到霍英東等百多人的歡迎，擔任團長的顏同珍向在場記者發表講話，指出經過這次訪問後，「使我們全體團員深深感到祖國的偉大，可愛！感到自己作為一個中國人是無上光榮與自豪的！」[33] 而自 1957 年在廣州開始舉行的中國出口商品交易會，每年均吸引不少港商參展。為了顯示文化大革命並沒有影響中國的經濟建設，1968 年 4 月 15 日《大公報》便特別報道春季中國出口商品交易會吸引當時歷來最多港商參加，共一百一十多個行業、超過一千名香港工商界人士齊集尖沙咀火車站，胸前均配戴毛主席像章，場面熱鬧。[34] 1975 年 9 月，由霍英東擔任團長的港澳體育參觀代表團成為香港及澳門歷史上首次代表體育界參加全國運動會，三十多人亦是在尖沙咀火車站出發前往廣州，再轉赴北京參賽。[35]

踏入 1950 年代，隨着九龍半島尤其是尖沙咀經過一個世紀的發展，發展空間已經飽和，而佔據尖沙咀海濱戰略位置的尖沙咀火車站用地，成為當局必然考慮重置以釋放發展用地的重要目標之一。1954 年，香港政府由於考慮到成本問題，曾暫緩將尖沙咀火車站遷至紅磡的計劃，而考慮將之遷至九龍海軍船塢（今中港城碼頭位置）。唯原本通過紅磡的九廣鐵路路線，便需要橫過彌敦道才能向西到達上述建議的新總站位置。計劃之後不了了之，政府更在 1955 年向九龍居民協會（Kowloon Residents Association）表示不會搬遷尖沙咀火車站。[36] 1958 年 1 月，香港政府宣佈將尖沙咀火車站遷往紅磡新填海地北端，以騰出尖沙咀海濱 38 英畝以上的用地作未來重新發展用途。雖然這項搬遷計劃當時預計費用不菲，但港府認為這計劃在交通上同時解決尖沙咀過於擠擁和紅磡新填海區交通不便的問題，仍是十分值得的行動。[37]

然而，時任中華廠商會會董的香港商人朱朝欽對搬遷尖沙咀火車站的建議表示異議，他提出應將紅磡至尖沙咀一段的九廣鐵路改為「地下鐵道」，認為當中的好處有四：第一，火車站以至九龍倉的用地可以改建多幢 20 至 30 層樓高的摩天大廈，車站和倉庫均設於地下，上層則開設酒店、辦公室、百貨公司、舞廳、餐館及其他商店，以服務遊客；第二，原本行於地上的火車路軌用地，可以鋪設馬路疏導交通，並再興建高樓大廈，其地價收益已可以支付火車站重置的費用，並可以提供多於 38 英畝多倍的發展樓面用地；第三，政府和鐵路公司無須負擔發展已騰出用地的費用；第四，如果香港不幸地再次面對戰爭，「地下化」的九廣鐵路可以改作防空洞之用。[38] 然而，1958 年 5 月 19 日《華僑日報》的分析指朱朝欽的建議並不符合當局對尖沙咀重新發展計劃的原則，因此未能成事。更重要的是，從當時香港新聞界的角度來看，尖沙咀火車站作為政治、社會、娛樂等新聞採訪的重要場地，設備可說是較為簡陋：沒有招待重要人物的貴賓室，也沒有記者進行採訪的錄影室，旅客休息候車的地方亦不夠現代化。因此，《華僑日報》的報道認為尖沙咀火車站不符合現代化的標準而需要拆卸：「在太空時代的今日世界中，除了那一座本港風景線之一的尖沙咀鐘樓外，其他一切構物均不值得保留。」[39]

1960 年 1 月，香港政府正式宣佈將尖沙咀火車站遷往紅磡新填海區東北端，以配合未來在該處興建跨越維港大

橋的九龍半島終點站。唯此項決定並非決定性，仍需要配
合未來跨海大橋以至後來改為海底隧道的走線，以及重新
發展尖沙咀火車站這一更重要問題的方案爭議，所以尖沙
咀火車站未能立即遷移。[40] 然而，至 1963 年，隨着原來九
龍倉貨運碼頭用地逐漸發展成海運大廈等郵輪碼頭及商業
中心等一系列建築物，尖沙咀交通更形擠擁，遷移尖沙咀
火車站的需要日增，加上九龍至沙田一段九廣鐵路路段在
1960 年代逐漸改為雙軌行車，尖沙咀火車站現有車站設施
亦不敷使用，所以搬遷勢在必行。問題只差在原尖沙咀火
車站用地在拆卸後的發展用途安排而已。[41] 當時港府計劃在
尖沙咀火車站用地興建政府大廈，但受到九龍居民協會強
烈反對，認為應該發展為公園和遊樂場，以解決尖沙咀區

1960 年的尖沙咀火車站
大樓及列車月台。

過於擠擁的情況。[42] 1975 年 11 月 29 日下午 2 時 50 分，最後一班火車駛離尖沙咀火車站，結束其運作 65 年的歷史。同日下午 3 時起，旺角火車站暫時成為九廣鐵路英段的九龍總站，直至新紅磡火車站啟用為止。[43] 本書第四章將詳述 1970 年代關於原址保留或清拆尖沙咀舊火車站為文化中心的爭議問題。

作為旅遊、消費及文化中心的尖沙咀海濱

如果需要為尖沙咀海濱尋找其成為九龍半島以至香港最重要的旅遊、消費及文化中心的準確年份，半島酒店落成的 1928 年、海運大廈開幕的 1966 年，以及香港文化中心啟用的 1989 年應分別是三者的標誌性年份。

香港具代表性的旅遊景點可說是言人人殊，戰後的一段時間可以指稱太平山山頂、大坑的虎豹別墅、上環的嚤囉街、赤柱和淺水灣的海灘、香港仔太白海鮮坊、上環大笪地、沙田萬佛寺、深水埗李鄭屋漢墓、新界的不同圍村、落馬洲邊境的觀景台等。[44] 然而，旅行活動最終必定歸結在住宿因素，尤其是在戰前時候，香港本地的旅遊活動尚未成熟，香港仍然是前往中國內地以至歐洲及世界各地的重要中轉站，無論是等待火車前往中國內地或歐亞各地，或等待遠洋郵輪或乘搭飛機前往世界各地，舒適的住宿和歐化的餐飲服務仍是西洋遊客的最重要考慮。有見及此，嘉道理家族轄下的香港上海大酒店公司在 1922 年決定集資 2,500,000 港元興建半島酒店，並在 1924 年開始動工興建，使用當時最先進的打樁技術，每枝鋼筋深入地底 24 英尺至 40 英尺不等。[45] 雖然半島酒店原本預期在 1927 年

開業，但英國方面在該年 2 月大量增加駐港英軍數目，由 3,000 人增至 10,000 人，於是能夠容納 2,500 名住客的半島酒店被徵用為臨時軍營，至同年 9 月止，英方則在期內向酒店繳付租金。[46]

由於半島酒店需要維修軍隊進駐期間對內部裝修的破壞，[47] 所以延遲至 1928 年 12 月 11 日才開幕，由署理港督修頓（Wilfrid Thomas Southorn）主禮。香港上海大酒店董事總經理塔格特（J. H. Taggart）發表歡迎詞，指出了半島酒店的重要性：「它不只增加了本殖民地居民的日常休閒生活設施，……將預期很好增強本殖民地受歡迎程度的建設，提供過客以往在這裏所無法獲得的舒適和設備。」[48] 有趣而又合理的是，修頓接着的演說不是稱讚半島酒店的宏大的建築風格，而是稱許其衞生水平，指任何來自世界各地的食客不用擔心半島酒店在處理和烹調食物時會出現任何衞生問題。其次，修頓認為半島酒店反映了九龍半島是香港未來發展的關鍵所在：

> 我們的前人擁有願景和好追尋夢想，否則不會在 1860 年代便有着如此的主意。例如，香港大會堂在當時是蘇伊士運河以東最優秀的公共建築。然而，多年來的發展都局限在港島地區，而九龍半島的重要性在本世紀（20 世紀）初才被確認。我被告知前九龍半島在 10 至 15 年被稱為「香港的灰姑娘」（Cinderella of Hong Kong），但現在應該是時候讓灰姑娘自己成長起來……這座酒店的聳立，成為這座偉大城市未來的里程碑。可能，更進一步，它反映前人的勇氣仍然與我們一起，60 年代宏大的願景仍然啟發今日的香港人。……酒店的成功不只是今天或明天的產物，而是催生這座建築物的靈感同樣成為未來的靈感；它支持這一外面

可見的信念證言：香港的偉大全在於未來，而九龍半島註定在成就這一未來偉大性方面有更多的角色。[49]

樓高七層的半島酒店在戰前以至戰後的一段時間，都是尖沙咀以至九龍半島最高的建築物。半島酒店地下除了有我們現在熟悉的享用下午茶的大堂茶座外，亦設有當時旅客購買車票、船票和飛機票前往世界各地的服務處。在1955年上映的荷里活電影《江湖客》(Soldier of Fortune)，其片頭和片尾都在半島酒店取景，當中片尾男主角奇勒基寶(Clark Gable)飾演的美國退役海軍漢李(Hank Lee)在半島酒店門前，送別飾演有夫之婦的蘇珊希活(Susan Haywood)乘搭泛美航空前往啟德機場接駁巴士的一幕，鏡頭一掃看到半島酒店、相隔一條梳士巴利道的尖沙咀火車站，是最令人印象深刻的一幕。[50]

1950至1960年代，尖沙咀廣東道海港城及中港城碼頭尚未興建，而屬於九龍倉的貨櫃碼頭便有不少苦力工作。連接廣東道的海防道則有不少大牌檔和花檔在經營，以潮州人為主，服務鄰近工作的苦力。至於鄰近的彌敦道尖沙咀段，則是商業中心及以遊客為主要對象的零售店舖。上述是日間的情況，晚上的尖沙咀則是另一世界，酒吧、夜總會、地下賭場和色情場所遍佈尖沙咀各處，據曾斷斷續續在尖沙咀執勤20年的退休刑偵督察林建強的回憶，當時黑社會社團稱尖沙咀為「大港」，即尋找各種非法地下營生的淵藪之處。後來，星光行、海運大廈、連卡佛，以及英資天祥百貨公司、瑞興百貨公司等成為尖沙咀海濱最重要的購物中心。林建強指當時日本遊客的消費能力很強，一條高級領帶約1,000港元，他們可以一購買便

是 12 條之多。由於成為遊客和貴價高級鐘錶店的集中地，
1970 年代尖沙咀廣東道等處經常出現主要屬上海幫的「扒
手」，以及主要是潮州幫參與的槍擊謀殺案等案件。[51]

1966 年至 2009 年間，海港城（包括海運大廈、香港
酒店、海洋中心、海洋廊和港威商場）、新世界中心、中
港城、香港文化中心及 1881 Heritage 先後落成啟用，分
別取代了九龍倉貨運碼頭、藍煙囪貨倉碼頭、前九龍皇家
海軍船塢、前尖沙咀火車站和前香港水警總部這些貨運碼
頭、海軍、火車站和水警的公共設施和政府建築物，確立
了尖沙咀海濱作為旅遊、消費和文化中心的地位，並增加
其通往世界、澳門和珠三角各港口的地區性水路客運中心
角色。[52] 鑑於尖沙咀海濱作為新發展的商業、旅遊及消費中
心的建設基本上在 1970 年代末前已經完成，九龍半島要在
這些服務功能有進一步發展，就必須尋找新的大型用地。
1980 年代主要通過填海得來的尖沙咀東部海濱用地，成為
1980 年代尖沙咀商業、旅遊及消費中心的主要發展地點，
同時見證了 1980 年代至 1990 年代具香港特色的紙醉金迷
的娛樂消費文化。這些都會在本書的第二、三、四章詳細
剖析。

簡言之，尖沙咀海濱實際上擁有怎樣的特色和性格？
海港城大型連鎖書店專櫃售貨員 Kathran 認為尖沙咀海濱
是「新舊交融」的：星光行的舊對比海港城的新、尖沙咀鐘
樓本身的舊對比文化中心的新、天星小輪的舊對比停泊海
運碼頭郵輪的新、不少外國人在海濱街頭表演的舊對比表
演者從旺角行人專用區移師過來的新。這些新舊交融的例
子使尖沙咀海濱成為一個獨特的地方。另一方面，尖沙咀

海濱也是本地與國際文化交融的地方,天星小輪的本地性和郵輪的國際性是一個明顯的例子。實際上,海港城的一些店舖也在銅鑼灣設店,那麼市民遊客為什麼仍然前往海港城遊覽?Kathran 認為原因在於海港城位處尖沙咀海濱地方,對外地遊客來說,這裏能夠找到舊的元素,即本地的東西,而天星小輪正是這種元素的重要代表。[53]

對西方遊客來說,尖沙咀海濱十分吸引,天星小輪和維港景色均給予他們特別的旅遊經驗。澳洲遊客 Esther 認為尖沙咀海濱、海港城和星光行的那些名店如 Gucci、西方連鎖飲食店如麥當勞和星巴克等並不會吸引他們消費,因為他們的國家也有相同的店舖,產品的價格亦相同。他們以到訪意大利三個星期的經驗作比較,意大利很少有美國等西方連鎖店舖,他們售賣的衣服具有本地特色,是其他地方找不到的。因此,在吸引外國遊客消費方面,香港應該需要尋回自己的特色。而香港或尖沙咀海濱最吸引他們的地方就是維港美景和香港本地的街頭表演。[54] 相反,內地遊客在這些名店流連忘返,因為這裏可以讓他們不用遠涉外國,便可以買到不少西方名牌貨品。[55] 這造就了尖沙咀海濱尤其是廣東道一帶自 2000 年代起繼續成為九龍半島龍頭購物中心的地位。

在香港長大的南亞裔市民 Krishna Priya 提供了異於上述遊客的視角。她小時候對尖沙咀海濱的記憶是和家人一起觀看煙花匯演,一旦有盛事,所有人都懂得聚集在尖沙咀海濱,這正是「國際性亞洲」(international Asia)的反映。她對於近五年來大量西方名店進駐海港城和廣東道一帶反應正面,認為這是使尖沙咀海濱成為遊客區的重要元素,但她同時提到本地樂隊的街頭表演也是不可或缺的。[56] 這一點亦受香港本地居民的認同。[57]

　　至於鄰近星光行的尖沙咀天星碼頭外，現時有報販攤檔營業，碼頭內則出有售賣不同飲食和紀念品的店舖。在天星碼頭內從事茶葉生意的周竹筠便指出，當初店舖從尖沙咀東麼地道搬遷至天星碼頭，一方面由於麼地道租金上升，另一方面亦受到天星碼頭的邀請。更重要的是，由於店舖有不少古董茶壺收藏，她認為在天星碼頭這一公用設施開店，加上附近密集的人流，感覺營業環境較為安全。另一方面，售賣茶葉和茶壺需要較為恬靜的環境，店舖位處天星碼頭內，隔了一層報攤營業的行人通道，並且可以遠眺文化中心和半島酒店，景觀開揚，較香港其他繁忙嘈雜的地區優勝。雖然天星碼頭並不鄰近地鐵站，但鄰近巴士總站，方便前往九龍各地區，而中環、灣仔等白領人士只需乘搭渡海小輪便能到達尖沙咀天星碼頭光顧店舖，盡顯地利。而天星碼頭店舖的另一特點是比較「本地」，「本地」的意思在於不同店舖的人際關係十分密切，而且不要求顧客每次到訪都要惠顧消費，強調人與人之間的關係，他們有別於大品牌的推銷手法，便是最具香港本地特色的消費文化。因此，惠顧天星碼頭的顧客可以大部分都是本地人，因此周竹筠認為一離開天星碼頭的範圍，尖沙咀海濱就是遊客區。舉例說明，遊客願意到天星碼頭的店舖去問路，而不敢在沒有消費的情況下到海港城的名店門口去問路，這就是「本地」的意思。她亦認為尖沙咀海濱近年翻天覆地的變化，完全沒有影響到天星碼頭的正常環境。[58] 由此可見，在尖沙咀海濱翻天覆地的改變下，超過一世紀歷史的尖沙咀天星碼頭相對上仍能自成一角。

註釋

1. 王崇熙、舒懋官編：《嘉慶新安縣志》，卷上（台北：成文出版社，1974 年），頁 82；張偉國：〈中英鴉片戰爭的引發點 —— 尖沙咀村考實〉，載林啟彥、朱益宜編：《鴉片戰爭的再認識》（香港：中文大學出版社，2003 年），頁 106。

2. 香港社會發展回顧項目與 1881 Heritage 在 2010 年 12 月至 2011 年 2 月合辦《海旁歷史漫遊：從 1881 開始》的公開展覽，則主要集中展示尖沙咀至紅磡四公里長的海岸線，西起舊日九龍倉 2 號碼頭（今約海洋中心商場位置），東至紅磡海底隧道止，與本書提出尖沙咀海濱廣義和狹義的範圍略有不同。

3. Planning Branch, Crown Lands and Survey Office, Public Works Department, "Kowloon Planning Area No. 1: Tsim Sha Tsui Outline Zoning Plan No. LK 1/50, Tsim Sha Tsui Outline Development Plan No. LK 1/51," July 1974, HKRS1689-1-106，香港政府檔案處；城市設計處：〈城市設計九龍第一區尖沙咀分區計劃大綱圖 LK 1/56 號圖則說明書〉，1976 年 6 月，HKRS70-8-4844，香港政府檔案處。以 1973 年為例，尖沙咀共有六間戲院，包括樂宮、倫敦、新聲、海運等，參見黃夏柏：《香港戲院搜記：歲月鈎沉》（香港：中華書局，2015 年）。

4. David Johnson, *Star Ferry: The Story of a Hong Kong Icon* (Auckland, New Zealand: Remarkable View Ltd., 1998), pp. 24–25, 35, 39, 41.

5. "The Star Ferry Wharf," *The China Mail*, 2 April 1906, p. 4. 1897 年 1 月 14 日，曾有一名華籍勞工強行進入只供乘搭天星小輪頭等倉乘客使用的碼頭，被在場警衛阻止，該華工因揮動鑿子和鎚子襲擊警衛而被捕。參見 *The China Mail*, 15 January 1897, p. 2.

6. "The Star Ferry," *The Hong Kong Weekly Press*, 22 September 1906, p. 187.

7. "Kowloon Railway Piers: Erection Right Sold," *The Hong Kong Telegraph*, 26 September 1910, p. 4.

8. "Proposed Ferry Pier in Connection with Railway Terminal Station at Tsimshatsui," HKRS58-1-41-21，香港政府檔案處。

9. 〈港九天星輪新碼頭建築進行〉，《華僑日報》，1955 年 8 月 8 日，第 2 張第 1 頁。

10. 蘭亭：〈新女性隨筆〉，《新女性》，第 35 期，（1968 年 12 月），頁 35。

11. From R. E. Gregory, to Chief Planning Office Urban, 10 August 1974, HKRS1689-1-106，香港政府檔案處。按 1974 年的規劃，紅磡渡輪碼頭主要是重置紅磡填海前位於溫思勞街（Winslow Street）以南的渡輪碼頭而設，參見 Planning Branch, Crown Lands and Survey Office, Public Works Department, "Kowloon Planning Area No. 1: Tsim Sha Tsui Outline Zoning Plan No. LK 1/50, Tsim Sha Tsui Outline Development Plan No. LK 1/51," July 1974, HKRS1689-1-106，香港政府檔案處。

12. 報販麥先生的訪問；訪問者：蔡青慧，2018 年 9 月 21 日。

13. 〈英女皇伉儷訪問香港〉,《工商晚報》，1975 年 5 月 5 日，第 3 頁；〈皇后碼頭及九龍公眾碼頭，今下午停用〉,《香港工商日報》，1982 年 5 月 20 日，第 6 頁。

14. 〈電船商祝會慶：「嘩啦嘩啦」歷史逾五十年〉,《大公報》，1960 年 8 月 2 日，第 2 張第 5 版；〈電船今起加價 加幅百分之廿五至卅一 嘩啦嘩啦收費一元半〉,《大公報》，1977 年 4 月 1 日，第 2 張第 5 版。

15. "Freak Typhoon Passes Over: Last Night's Almost Dead Calm Marked Passage, Walla-Walla Run while Ferries Stop," *The China Mail,* 1 July 1941, p. 3; "H. K. Scott Stow Away to Australia: Alleged to Have Boarded Tymeric from Walla-Walla," *The Hong Kong Telegraph*, 19 November 1937, p. 3. 在 1941 年日軍攻港前夕，「嘩啦嘩啦」亦被香港政府視為戰略物資，宣佈在緊急狀態下將之徵用作運輸用途，營運「嘩啦嘩啦」的船公司需要向政府提供至少 12 艘機動船作此用途，參見 "Walla-Wallas," *The Hong Kong Daily Press*, 29 September 1941, p. 8.

16. "High Life in Hong Kong: The Power of the Chit and the Pencil, Baisa Walla Comets to Rescue," *Hong Kong Daily Press*, 20 September 1929, p. 1.

17. 〈九龍新碼頭落成啟用，人力車場搬至尖沙咀火車站前〉,《華僑日報》，1955 年 10 月 18 日，第 2 張第 1 頁。

18. "Walla-Walla Hire Fees," *The Hong Kong Telegraph*, 7 June 1941, p. 7.

19. 〈香港的代步工具〉,《華僑日報》，1955 年 9 月 16 日，第 3 張第 2 頁。

20. 如 1975 年便有「嘩啦嘩啦」成為法國電影《飛天神探》（*Fear Over the City*）的海上大型活動宣傳板，參見〈飛天神探出現維多利亞海港〉,《工商晚報》，1975 年 8 月 1 日，第 3 頁。

21. 〈志達健身學院，昨日海浴旅行〉，《華僑日報》，1963 年 6 月 27 日，第 4 張第 4 頁；〈海闊天空號遊艇離岸千碼突然翻沉，新亞師生全墮海〉，《華僑日報》，1968 年 6 月 23 日，第 2 張第 1 頁；〈香港動態〉，《工商晚報》，1975 年 6 月 21 日，第 3 頁；〈渡海泳龍虎榜，男子蔡永健，女將梁沼蓮〉，《工商晚報》，1974 年 10 月 27 日，第 1 頁。

22. 〈港府將耗資三千二百萬，九龍公眾碼頭擴建〉，《大公報》，1986 年 11 月 11 日，第 2 張第 5 版。

23. "No. 449: Regulations Made by the Governor-in-Council under the Licensing Ordinance, 1887, (Ordinance No. 8 of 1887), this 19th Day of July, 1909," *The Hong Kong Government Gazette*, 23 July 1909, p. 503.

24. Leslie Ka-Long Chan, "Our Fading Daily Life and It's History: The Demolition of the Origin of Public Transport in Hong Kong Tsim Sha Tsui Transport Interchange," p. 22, accessed online from www.forumunescochair. upv.es/SIFU/XII_Hanoi_2009/en/abstracts/html/135.html.

25. 〈尖沙咀巴士站加設鐵欄〉，《華僑日報》，1950 年 4 月 6 日，第 2 張第 1 頁；〈尖沙咀巴士站交通安全措施〉，《工商晚報》，1957 年 3 月 28 日，第 4 頁。約在 1962 年，尖沙咀天星碼頭巴士總站改稱為尖沙咀巴士總站，參見《華僑日報香港年鑑第 15 回》，（香港：華僑日報，1962 年），第 5 篇，頁 57。

26. Peter Moss, *A Century of Commitment: The KCRC Story* (Hong Kong: Kowloon-Canton Railway Corporation, 2007), p. 34.

27. "Kowloon Terminal Station: An Imposing Building Contemplated," *The Hong Kong Telegraph*, 15 February 1913, p. 5; "Kowloon Railway Station: Satisfactory Progress being Made on the New Site," *The Hong Kong Telegraph*, 29 August 1913, p. 4. 1955 年，為了擴展天星小輪的渡海服務，因此拆卸連接天星碼頭至火車站的柱廊，以騰出空間興建新公眾碼頭，而舊公眾碼頭則成為天星碼頭的擴建部分，參見〈招商投承官塘填海工程，尖沙咀火車站柱廊將予拆卸〉，《工商晚報》，1955 年 5 月 27 日，第 4 頁；〈尖沙咀火車站畔的變遷〉，《大公報》，1955 年 7 月 22 日，第 1 張第 4 版；〈尖沙咀火車站旁新公眾碼頭已進行興建上蓋〉，《工商晚報》，1955 年 7 月 15 日，第 4 頁。

28. Peter Moss, *A Century of Commitment: The KCRC Story* (Hong Kong: Kowloon-Canton Railway Corporation, 2007), p. 41; "Railway and Ferry: New Platforms Brought Late Use," *The Hong Kong Telegraph*, 1 April 1914, p. 4; "Kowloon Railway Station: Report on the Progress of the Building," *The Hong Kong Telegraph*, 21 January 1915, p. extra; "Kowloon Railway Station: No Clock to be Provided at Present," *The*

Hong Kong Telegraph, 11 March 1915, p. 4;〈尖沙咀火車站拆卸，大鐘樓將保留〉，《工商晚報》，1975 年 9 月 23 日，第 2 頁。在 1915 年，單單購置塔鐘便需費約 499 英鎊，如塔鐘內需使用西敏寺編鐘（Westminster chimes），則需要額外增加 210 英鎊的費用。

29. 〈尖沙咀火車站，女客反對公開搜身〉，《工商晚報》，1935 年 10 月 12 日，第 3 版。

30. 〈尖沙咀火車站內簽發辦事處昨成立〉，《大公報》，1955 年 8 月 10 日，第 1 張第 4 版；〈警務處大廈人民入境事務處發給邊境通行證〉，《華僑日報》，1955 年 11 月 16 日，第 2 張第 1 頁；〈警察總部移民局，今起停發回港證〉，《大公報》，1955 年 12 月 16 日，第 1 張第 4 版；「邊境通行證」申請者需要七天內離港，有效期六個月，只能從中國內地進入香港一次，申請費用為港幣二元。參見〈明起放寬入境限制〉，《華僑日報》，1955 年 8 月 8 日，第 2 張第 1 頁。

31. 〈港九出現長龍，昨午火車載去回穗客七千〉，《華僑日報》，1956 年 3 月 31 日，第 2 張第 1 頁；〈今日清明節掃墓者眾〉，《工商晚報》，1958 年 4 月 5 日，第 4 頁；〈今日之火車交通〉，《華僑日報》，1959 年 10 月 10 日，第 2 張第 1 頁；〈今日清明掃先人墓，孝子賢孫大排長龍〉，《工商晚報》，1961 年 4 月 5 日，第 4 頁；〈大年初三適逢星期日，郊遊者眾〉，《華僑日報》，1963 年 1 月 28 日，第 2 張第 3 頁；〈孝子賢孫前往掃墓〉，《工商晚報》，1967 年 10 月 12 日，第 1 頁；〈居民紛紛回鄉度節，四千人昨乘車赴穗〉，《大公報》，1973 年 1 月 29 日，第 1 張第 4 頁。

32. 〈投身大躍進行列，香港技工又一批返廣州〉，《大公報》，1958 年 7 月 1 日，第 1 張第 4 版；〈紅燈記四團體票，中旅社今接受訂購〉，《大公報》，1965 年 1 月 25 日，第 1 張第 4 版。

33. 〈在京滬杭穗參觀遊覽廿餘天，足球界旅行團返港〉，《大公報》，1965 年 8 月 10 日，第 1 張第 4 版。

34. 〈四百餘中外商人昨赴穗參加交易會〉，《大公報》，1968 年 4 月 15 日，第 1 張第 4 版。

35. 〈尖沙咀火車站昨出現熱鬧場面〉，《大公報》，1975 年 9 月 10 日，第 2 張第 8 版。

36. 〈遷移尖沙咀火車站，擬另覓新址〉，《工商晚報》，1954 年 10 月 3 日，第 3 頁；〈尖沙咀火車站短期不遷移〉，《工商晚報》，1955 年 3 月 15 日，第 4 頁。

37. 〈尖沙嘴火車站，考慮遷移紅磡〉，《香港工商日報》，1958 年 1 月 10 日，第 5 頁。

38. 〈尖沙咀火車站遷址研究〉,《華僑日報》,1958 年 1 月 15 日,第 2 張第 1 頁。

39. 〈尖沙咀火車站遷移最可能地點〉,《華僑日報》,1958 年 5 月 19 日,第 2 張第 3 頁。

40. 〈計劃填海三百碼,尖沙咀火車站將遷紅磡新址〉,《大公報》,1960 年 1 月 14 日,第 1 張第 4 版;〈尖沙咀火車站非立即遷移〉,《香港工商日報》,1962 年 3 月 31 日,第 7 頁。為了在紅磡重置九廣鐵路的九龍總站,需要填海至當時離紅磡灣岸邊 300 碼的卡斯特石(Cust Rock),填海及興建新火車總站工程費用為 4,300 萬港元。此外,原來在紅磡的九廣鐵路車廠亦需要遷移至沙田何東樓西南方的填海區,填海連興建車廠等建築物的費用為 1,975 萬港元。參見〈配合尖沙咀火車站遷移,沙田將興建鐵路車廠〉,《華僑日報》,1965 年 10 月 3 日,第 3 張第 1 頁。

41. 〈尖沙咀火車站計劃遷移紅磡〉,《華僑日報》,1963 年 10 月 8 日,第 3 張第 1 頁。

42. 〈九龍居民協會卸任會長反對,尖沙咀火車站改為政府大廈〉,《工商晚報》,1965 年 3 月 30 日,第 3 頁。

43. 〈今午最後一班駛出,尖沙咀火車站將成歷史名詞〉,《香港工商日報》,1975 年 11 月 29 日,第 8 頁。

44. 參見 Walter K. Hoffman, *A-0-A Hong Kong Guide Book* (Hong Kong: Park Hotel, 1965); Walter K. Hoffman, *A-0-A Hong Kong Guide Book* (Hong Kong: Sheraton-Hong Kong Hotel, 1978).

45. "Hongkong Hotel: Capital Increased to \$5,000,000," *The China Mail*, 1 February 1922, p. 8; "Peninsula Hotel," *The Hong Kong Telegraph*, 11 April 1924, p. 1.

46. "Billeting Arrangements," *Hong Kong Daily Press*, 21 February 1927, p. 4; "Hotel Meeting: 'Peninsula' Taken Over," *The Hong Kong Telegraph*, 4 March 1927, p. 1; "Welch to Leave," *The China Mail*, 2 September 1927, p. 1.

47. "Peninsula Hotel: Certain to be Open Next Year," *The Hong Kong Telegraph*, 11 October 1927, p. 7.

48. "Peninsula Hotel Opening," *The Hong Kong Telegraph*, 12 December 1928, p. 2.

49. "Peninsula Hotel Opening," *The Hong Kong Telegraph*, 12 December 1928, pp. 2, 13.

50. 關於 1950 年代西方電影如何反映西方視野下的冷戰香港，參見蔡思行：《玩讀香港：西方視野中的香港》（香港：天地圖書，2018 年），頁 34–53。

51. 林健強訪問；訪問者：嘉柏權、陳諾婷，2017 年 9 月 13 日。

52. 1982 年，鑑於來往中港的客運輪船服務需求日增，城市設計處決定在海港城西北位置填海 1.35 公頃，以 1980 年物價計算 1.2 億港元興建未來的中港城客運碼頭，在 1986 年取代原來設計只供港內航線停泊、但恆常需要久候兩小時才能上船前往中國內地的大角咀臨時碼頭。參見 F. D. Roome, "Notice of Intention to Grant a Lease of Foreshores and Sea Bed," 5 November 1982, HKRS938-2-21，香港政府檔案處；"Draft Tsim Sha Tsui Outline Zoning Plan Amended," 29 October 1982, HKRS70-8-4843，香港政府檔案處；"New $120m China Ferry Pier Planned," *The Hong Kong Standard*, 30 October 1982, p. 14；"Kowloon Planning Areas Will be Merged," *South China Morning Post*, 30 October 1982, p. 10；〈尖沙咀西北將填海，建大陸輪碼頭〉，《星島日報》，1982 年 10 月 30 日，頁 7。

53. 海港城商舖售貨員 Kathran 訪問；訪問者：蔡青慧，2018 年 8 月 10 日。以海運大廈商場計算，實際上星光行的歷史長短與之分別不大，但前者是不斷翻新，並且接收九龍倉餘下的貨倉用地，不斷在 1970 至 1990 年代陸續發展的大型商場及商廈建築群，因此給人「新」的感覺。

54. 遊客 Esther 訪問；訪問者：蔡青慧，2018 年 5 月 17 日。

55. 遊客 Wendy Wen 訪問；訪問者：蔡青慧，2018 年 5 月 17 日。

56. 南亞商市民 Krishna Priya 訪問；訪問者：蔡青慧，2018 年 5 月 17 日。

57. 海港城商舖售貨員 Iris 訪問；訪問者：蔡青慧，2018 年 5 月 29 日。

58. 一茶軒周竹筠訪問；訪問者：蔡思行，2017 年 12 月 11 日。

Kowloon godowns

19世紀九龍倉在尖沙咀海濱的貨運碼頭（蔡思行藏）

從公用到私用的發展
九龍倉碼頭到今日的海港城

海運碼頭是 1960 年代東亞地區少數有全機械化貨物處理裝置的碼頭。海運大廈商場是當時香港最大型的綜合性商場，除了吸引本地及海內外品牌進駐外，亦是香港首座提供顧客泊車車位的商場，以及全港最大型的停車場，可以同時停泊 1,200 部車輛。

在 19 世紀至 20 世紀戰前尖沙咀海濱的發展，當以香港九龍碼頭及貨倉有限公司（The Hongkong and Kowloon Wharf, Godown and Cargo Boat Company）和嘉道理家族為最重要的私人資本投資者。前者主要發展今廣東道以西沿海一帶的貨運碼頭和倉庫，該地段在 1874 年風災後，由遮打以 53,000 港元從香港政府手上投得，並由此組建香港九龍碼頭及貨倉有限公司（簡稱九龍倉）。因此，香港政府帶頭利用九龍倉等財團資金興建海堤，改變了英國在 1860 年獲得九龍半島後該地區毫無顯著發展的情況。九龍倉在尖沙咀海濱擁有的貨運碼頭和倉庫用地大多從填海得來，佔據 2,000 尺長的海岸線，面積達 500,000 平方呎，連同在 1886 年與怡和洋行在西環的貨運碼頭合組的聯營公司，其資本總值達 17 萬港元，實力雄厚。更重要的是，九龍倉在尖沙咀海濱設有六個合共能儲存 36,000 公噸煤炭的煤棚、多個兩層及三層式的倉庫，並設立電車軌（tramways），用以運行貨物卡車來往泊岸的貨船和倉庫，較 1904 年才在港島營運電車載客服務的香港電車公司更早，在當時可說是上落貨和儲存貨物的現代化設施。[1]

至於嘉道理家族通過香港上海大酒店有限公司發展半島酒店（Peninsula Hotel），在 1928 年 12 月 11 日開業。香港上海大酒店董事總經理塔格特（J. H. Taggart）在半島酒店開幕禮時便指出半島酒店不但為香港提供休閒娛樂，還成為香港這一偉大海港的門戶，將進一步增加香港對外的吸引力。時任署理港督的修頓亦在開幕禮的演辭中指出九龍半島未來發展與半島酒店的關係：[2]

1956 年九龍倉碼頭，可見
用來運輸貨物所用的路軌

　　這座酒店是這座偉大城市（香港）未來的里程
碑……這座酒店的成功不只屬於今天或未來，而是這
座城市對未來前景的啟發；它清晰地印證了香港的偉
大全在於未來，而九龍將會在這偉大的未來有愈來愈
重要的角色。先生及女士，我期望有一天看到過海隧
道和九龍漢口鐵路的落成，旅客可以訂購倫敦至九龍
的火車票的同時，可以保證到達這地方後能夠找到這
間住宿質素不亞於歐美高級酒店的半島酒店。

　　1955 年，香港政府修訂大廈樓宇只限五層高的規定，於是樓高十多層的大廈逐漸在九龍半島出現，半島酒店由此不再是九龍最高的建築物。[3] 更重要的是，雖然半島酒店和尖沙咀火車站分別是尖沙咀海濱以至香港最重要的旅遊及交通地標，但廣東道以西的九龍倉貨運碼頭，以及梳士巴利道以南的藍煙囪貨倉碼頭（Holt's Wharf），都佔據了尖沙咀海濱大部分的海岸線，為香港出入口貿易和航運業服務，卻未能跟上香港戰後在尖沙咀發展商業、旅遊和零售的需要。半島酒店在香港歷史和發展的重要性不容否定，而要了解 1960 至 1970 年代尖沙咀海濱因應商業發展而有翻天覆地的變化，九龍倉的用地實不能忽視。本章將以廣東道以西的九龍倉用地為例，說明它自 1960 年代逐步由公用的貨運用地轉為私用的現代郵輪和購物中心用地的歷程，並剖析當中的商業考慮和發展策略。

從九龍倉到貨運、郵輪和商場並舉

　　宏觀來說，尖沙咀需要彌敦道以外的商業和零售發展空間，但九龍倉當初計劃首先發展其在尖沙咀海濱部分碼頭設施為郵輪碼頭是有其實際的商業考慮。根據 1962 年三間向九龍倉公司提供興建海運碼頭（Ocean Terminal）的標書顯示，興建工程的費用介乎 2,420 萬至 2,640 萬港元，預期在歸還所需籌集銀行借款的利息後，中標的公司可獲大約 600 萬港元的收益。更重要的是，對於九龍倉來說，釋放目標用地興建海運碼頭作貨倉以外的商業用途所帶來的租金收益，預計可達到每年 125 萬港元。如進行更樂觀的估算，以 13 萬呎可租用商舖面積計算，每年收益更可達

312 萬港元。而九龍倉為了興建海運碼頭及其樓高三層的商場，則需要以三股供一股的方式在市場籌集 900 萬港元的資金。政府看到計劃對尖沙咀未來旅遊業的良好貢獻，對於在貼近天星小輪碼頭的九龍倉原 1 號碼頭興建及發展 1,250 尺長乘以 250 尺闊、樓高三層的海運碼頭及商場所需的 4,450 萬港元，亦願意拿出一半資金，當中有八成是以年息六厘、還款期達 20 年的條件借給九龍倉，剩下兩成則為無償的資助（outright grant）。除了政府大力支持的誘因外，如果當時九龍倉要維持原址貨運和郵輪客運的用途，便需要 1,400 萬港元全面更換已經陳舊的 1 號和 2 號碼頭，但當中缺乏上述消費零售和租務的商業價值，加上時常受到航運業景氣的影響，顯得並不划算。[4] 撇除在海運碼頭上蓋經營商場的收益，營運海運碼頭的客貨運生意亦帶來不少的收益，據九龍倉在 1962 年的估算，海運碼頭帶來的經營利益達每年 330 萬港元，當中包括四項：舊 1 號和 2 號碼頭來回中轉倉的貨運費用（60 萬港元）、海運碼頭泊位使九龍倉的貨運年處理量由 78,000 噸增至 30 萬噸（150 萬港元）、在海運碼頭臨海方向及登船大堂的廣告（50 萬港元）及估計年載客量達七萬人次的乘客人頭稅（70 萬港元）。[5]

海運碼頭的興建並未有參考其他國家或地區類似建築的模式，因為外國的海運碼頭一般只有郵輪上落客的單一用途，並未有如尖沙咀海運大廈般兼具購物中心等商業功能。[6] 為了更好地規劃海運碼頭商場的發展，負責設計海運大廈的馬海（Spence Robinson Prescott and Thornburrow）建築及都市規劃顧問白自覺（Jon Alfred Prescott）便在 1962 年 11 月 12 日起向美加兩地著名的商場建築師取經。白自覺在美加之旅後提出了海運大廈未來的重要性：「海運大廈商場

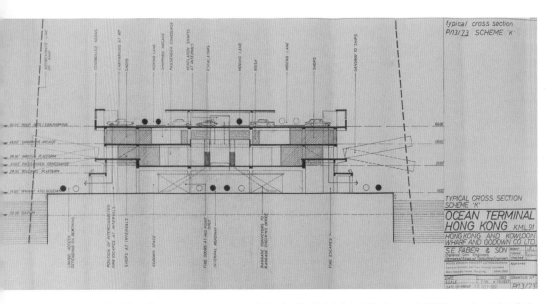

typical cross section
P/13/73 SCHEME 'K'

TYPICAL CROSS SECTION
SCHEME 'K'
OCEAN TERMINAL
HONG KONG KML 91
HONG KONG AND KOWLOON
WHARF AND GODOWN CO. LTD.
S.E. FABER & SON

1962 年 9 月繪製的海運
大廈各層橫切面圖則（香
港社會回顧項目提供）

可以及必須成為九龍嶄新和活動中心的開端。它必須成為
我們的『都市廣場』（town square）或以不同的建築術語 ──
我們的『洛克斐勒廣場』（Rockefeller Plaza）：一處人們聚集
會面的地方 …… 市民引以自豪的地方。」[7] 成為香港的「洛
克斐勒廣場」可説與海運大廈以至後來整個海港城（Habour
City）的發展目標不謀而合。洛克斐勒廣場是洛克斐勒中心
（Rockefeller Center）的中心建築，在 1930 年代美國大蕭條
期間興建，而海運大廈和海港城則在 1960 至 1970 年代香
港政治動盪和石油危機衝擊下興建的，兩者皆對未來城市
發展投下信心的一票。更重要的是，洛克斐勒中心由 19 座
不同的建築物和摩天大廈組成，既有商業的元素，亦有餐
飲、家庭聚會、藝術展覽等部分，這正是海港城希望達到
的發展目標。

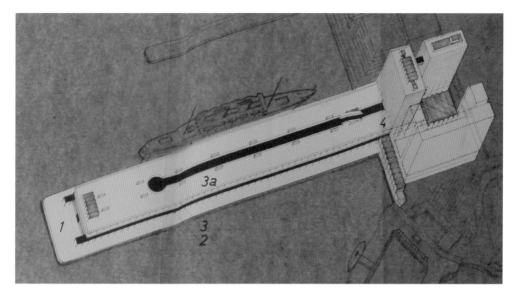

1962 年 3 月繪製的海運
大廈圖則（香港社會回顧
項目提供）

　　根據 1962 年白自覺美加之旅所收集回來的意見經驗，
海運大廈發展的建議原則共有數條：第一，要特別注意海
運大廈地面一層的發展（root development），如果附近有與
海運大廈相類似零售性質發展的競爭存在，將會「殺死」海
運碼頭；第二，如果需要更多零售商舖空間去達到整個發
展項目收支平衡的話，應該將之集中在購物中心的一層，
形成碼頭購物中心的一部分；第三，如不斷延長碼頭建築
去提供更多商舖空間，將使整個大廈的建築變得很古怪，
應該在現有長形碼頭大廈的末端設立百貨公司，或向高處
發展單一多層式的購物中心；第四，最重要的是在碼頭末
端建立巨大的「磁石」，而頂級的百貨公司正有這一功能，
可大力吸引人流穿過細小的零售商舖，最後到達位置最遠
的百貨公司。根據這一原則，能夠有效引領行人來往整座

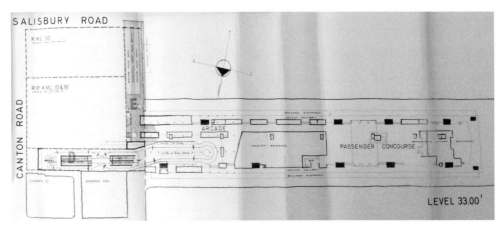

1963 年繪製的海運大廈與 SEK-6-039 號和 K.M.L.10 號地段商場連結樓層的圖則(香港社會回顧項目提供)

在 1962 至 1965 年營運的臨時郵輪客運碼頭(Navy Street Passenger Terminal),其後被 1965 年落成的海運碼頭所取代。(九龍倉 1962 年年度報告)[9]

海運大廈的設施都應該建立，這包括多層式的百貨公司、高級餐廳、天星碼頭等；第五，須集中於如何引導單一的人流穿過海運大廈的零售區域，應極力避免設置不同或多層的行人路徑；第六，需要考慮 K.M.L.10 號地段（今星光行位置）獨立發展所帶來的危險。如果該處發展為香港一般購物中心的多層式發展（multi-storey development）模式，這不但會導致其死亡，亦會在海運大廈的前方製造一片廢墟。另一方面，如果 K.M.L.10 號和 K.M.L. 91 號地段（今海洋中心位置）聯合發展頂級的百貨公司，將會為海運大廈帶來災難性的影響，亦會使上述在海運碼頭末端設立百貨公司吸引人流的效用大打折扣；第七，海運大廈的定位應該是提供「特別的消費之旅」，而非服務於日常家庭主婦式的購物（housewife shopping）需要。因此，商場店舖應該提供高端的消費品，不但服務於本地人口，更應專注做遊客的生意。[8]

　　1966 年 3 月 22 日，港督戴麟趾（David Trench）主持海運大廈開幕典禮，並且迎來之前因缺乏郵輪泊位而無法到港、由鐵行輪船公司（Peninsular and Oriental Steam Navigation Company）營運、排水量達 45,000 噸的「坎培拉號」（Canberra）郵輪在海運碼頭南面碼頭停泊。海運碼頭是當時東亞地區少數有全機械化貨物處理裝置的碼頭。至於海運大廈商場則是當時香港最大型的綜合性商場，吸引本地及海內外品牌進駐；此外，它更是香港首座提供顧客泊車車位的商場，是全港最大型的停車場，可以同時停泊 1,200 部車輛。商場低座特別設有 19 尺闊的海旁登船長廊（waving gallery），遊客和市民既可欣賞藝術畫作，又可欣賞郵輪貨船泊岸和乘客上船泊岸的情景。商場內部分餐廳

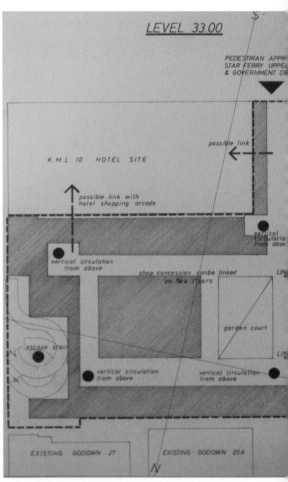

1962 年 10 月馬海建築及
都市規劃顧問繪畫的海運大
廈及 SEK-6-039 號地段建
築草圖的小冊子封面，可見
鄰近尖沙咀天星碼頭巴士
總站的九龍倉尚未拆卸的模
樣。（香港社會發展回顧項
目提供）

1962 年 10 月馬海建築及都
市規劃顧問繪畫的海運大廈
的建築草圖，可見 K.M.L.10
號地段原本預計會興建酒
店，並且與海運大廈商場相
通。（香港社會發展回顧項
目提供）

表 2.1　1955 年至 1965 年九龍倉在尖沙咀倉庫用地的出售、清拆及新建倉庫時
　　　　間表 [12]

出售地段	年份	面積（平方呎）
K.M.L. 10 號	1963	57,983
K.I.L. 211 號第 1 期	1963	51,766
K.I.L. 211 號第 2 期	1964	53,725
K.I.L. 211 號第 3 期	1965	123,132
K.M.L. 91 號	1965	84,246

亦在此提供美食到會服務，讓遊客和市民一面享用美食，
一面欣賞海景。[10] 在海運大廈落成前，發展商內部曾多次討
論海運大廈的發展方向，當中有提及在海運大廈臨海的末
端設置高級餐廳，但有人認為其盈利前景存疑，相反應該
開設較平民化的餐廳。此外，發展商會議的成員亦建議在
商舖外的特許經營空間（concession space）開設戲院、迷你
高爾夫球場及直升機地面升降平台，又建議可以仿效其他
國家的盈利先例，興建保齡球場，但考慮到香港的防火條
例，會議成員認為這項建議未必可行。[11]

　　實際上，1960 年代發展海運大廈、K.M.L. 91 號及
K.M.L. 10 號地段期間，社會對於九龍倉在尖沙咀海濱的
貨運碼頭和存倉服務的需求仍然穩步上升，原綿、白米及
其他商品持續大量入口，使九龍倉倉庫設施經常爆滿。因
此，九龍倉認為需要採用「緊急」的興建計劃，迅速在位於
廣東道較北位置的海濱興建新的倉庫設施，以應付逐步退
出 K.M.L. 111 號、K.M.L. 10 號及 K.M.L. 211 號地段所減少
的大量倉庫空間。而在西環、荃灣等地的倉庫亦需要以每

天兩更制（約 15 至 16 小時）的方式加快興建，以提供更多的倉庫空間。在 1961 年 5 月 19 日致九龍倉董事局成員的信函中畫龍點睛地說明上述舉措的必要性：「存貨貨倉受制於其容納空間，而這最終導致臨時貨倉持續飽滿。（轉口倉的上倉擁擠是港口營運者的痛腳（Achilles' heel）。」鑑於九龍倉與船公司和紡織公司有長期的合作關係，他們對於倉庫服務持續擁擠時生不滿，所以九龍倉不惜將興建新倉庫的成本增加 15%，以便能快三至四個月時間完成興建工程。[14]

隨着廣東道以西尖沙咀海濱的進一步發展，九龍倉亦需要分階段將海防道、廣東道和北京道三面包圍的 K.I.L 211 號地段清空作另外的發展。然而，鑑於當時無法預計持續上升的倉庫需求，截止 1964 年 9 月為止，除了 K.I.L. 211 號地段的貨倉存有約 10,000 公噸的貨物外，準備與海運大廈共同發展的 K.M.L. 91 號地段的貨倉也存有 13,500 公噸的貨物，但當時尖沙咀海濱所存的貨倉已沒有多餘的空間去收容這些貨物。這種倉庫空間短缺的情況不只困擾九龍倉，亦是香港共同面對的問題。這種狀況源於香港本地工業的發展速度，超過重新興建現代的碼頭和倉庫去取代老舊設施的速度，而投資興建港口設施牽涉大量的資本，當時香港有不少回報快及較吸引的投資選項，致使投資者對興建新港口設施卻步。雖然港口業是當時香港第二大工業，但真正從事該行業的「專業人員」並未在香港總商會任何委員會中有代表，足見港口業的利益在當時商界受到忽視。然而，香港政府對港口業的發展作有一定遠見，不但在海事處增設職位專責規劃未來港口的發展，又特別將九龍前皇家海軍船塢（今中港城位置）及紅磡部分填海地租給九龍倉作為臨時倉庫之用，合共能儲存 30 萬公噸貨

1990 年代的中港城碼頭
（蔡思行藏）

物。否則，正如當時九龍倉署理總經理所言一樣：「領導行頭的船運公會可能現在便宣佈香港為『擁擠』的港口。」因此，九龍倉要求港府一律暫緩移交 K.I.L. 211 號地段第一、二及三期範圍兩年時間，以便逐步清空 SEK-6-039 號地段的倉庫用地，因這地段對海運大廈的發展至關重要。此外，九龍倉能有足夠緩衝空間興建臨時海運碼頭以南第一至第五號倉庫，解決喪失 K.I.L. 211 號地段的倉庫空間。九龍倉向港府爭取更新現有倉庫設施的權益，同時也為其他私人倉庫業商人立下榜樣，改變過去數年致力將倉庫用地轉為住宅發展的不健康風氣，從而解決香港港口業與工業

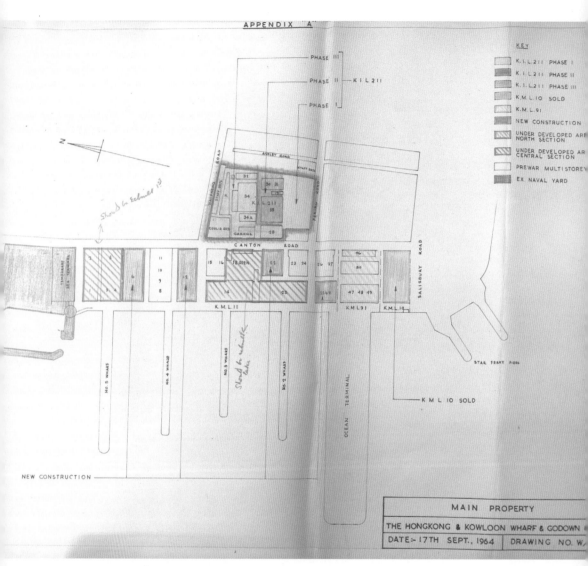

截止 1964 年 9 月九龍倉在尖沙咀主要擁有的地皮分佈圖，紫色部分為前九龍皇家海軍船塢轉為臨時海運碼頭（temporary sea terminal）的所在地。（香港社會回顧項目提供）

表 2.2　1955 年至 1965 年九龍倉在尖沙咀倉庫用地的清拆資料

清拆倉庫	面積（平方呎）	可儲藏貨物（公噸）
第 51L/U 號、46 號及 50 號倉庫（K.M.L.10 號地段）	69,420	11,200
第 36 號倉庫（K.I.L. 211 號第 1 期）	22,610	4,250
第 19 號、30/31 號及 35 號倉庫（K.I.L. 211 號地段第 2 期）	43,246	8,200
第 29A/B 號、32 號、34 號及 34A 號倉庫（K.I.L. 211 號第 3 期）	50,104	10,370
第 46 號至 50 號倉庫（K.M.L. 91 號地段）	124,536	24,350
第 6 號、7L/U 號、12 號、21 號、22 號及 25 號倉庫	132,454	24,840
合共	442,190	87,760

表 2.3　1955 年至 1965 年九龍倉在尖沙咀倉庫用地的新建倉庫資料

K.M.L.11號地段新建倉庫	面積（平方呎）	可儲藏貨物（公噸）
第 25A/E 號多層式倉庫	86,282	16,170
第 22 號多層式倉庫	82,552	15,482
第 12 號多層式倉庫	144,239	27,045
第 6 號多層式倉庫	143,971	26,994
合共	457,644	85,691

表 2.4　K.I.L. 211 號地段移交港府時間表 [13]

階段	移交位置	移交時間表
第一期	黃色部分，51,766 平方呎	1963 年 6 月 25 日
第二期	紅色部分，53,725 平方呎	1964 年 8 月第 6 號貨倉建成後
第三期	綠色部分，123,132 平方呎	1965 年 6 月 25 日

發展脫節的嚴重問題。[15] 然而，自葵涌貨櫃碼頭在 1972 年落成啟用後，尖沙咀海濱的倉庫和貨物起卸業務活動便逐漸式微。[16]

據 1973 年香港旅遊協會的一項調查顯示，日本遊客基本不會造訪海運大廈商場，而是前往尖沙咀地區的國貨公司和酒店附設的商場。美國和歐洲遊客則較喜歡到海運大廈商場消費，分別佔其所屬國籍受訪者的 16% 和 27%。這項調查還是比較了這三個地方的遊客前往尖沙咀和中環消費購物的比重，介乎 31% 至 43% 的遊客選擇尖沙咀，只有一成多選擇中環，調查指遊客認為中環較尖沙咀擠迫，而且前者缺乏大型的購物商場。旅遊協會發言人以中立的態度指出海運大廈商場的待客工作做得「不太差」，尖沙咀的優勢在於遊客一般乘搭飛機或郵輪到港。[17] 換句話說，設有郵輪碼頭的海運大廈商場，一方面可以迎接乘搭郵輪到港的遊客，另一方面乘搭國際航班到達位於啟德的香港國際機場的旅客，乘車到尖沙咀購物亦較中環方便。

除了購物消費外，海運大廈與香港影視歷史亦有密切的關係。1966 年楚原擔任導演的電影《我愛紫羅蘭》中，張清飾演的莫汝福跟蹤文蘭飾演的神秘女郎李珍妮，走進當時剛落成不久的海運大廈購物。[18] 1967 年 9 月，無綫電視為同年 11 月 19 日開播進行準備，特別在海運大廈設置 150 座電視機，進行一個月的試播活動，同時打響了海運大廈和無綫電視的名堂。[19] 香港著名影視明星收藏家吳貴龍指出另一段海運大廈為人忽略的影視歷史：1972 年適值郵輪「珊瑚公主號」來港停泊在海運大廈，返港約一年的李小龍、《唐山大兄》女角衣依和《精武門》、《猛龍過江》女角苗可秀一起前往參觀，並同在海運大廈碼頭頂層停車場拍下多張經典照片。當年李小龍穿着西裝留影，現在該處則豎立了「李小龍事蹟徑」以茲紀念。吳貴龍認為海運大廈新大樓頂層觀景台「海運觀點」實際上可以成為李小龍迷懷緬李小龍的熱點。[20]

分比合難：海運大廈、海洋中心和星光行發展的離離合合

在發展海運大廈商場及未來海洋中心（K.M.L. 91 地段）方面，1963 年 9 月 13 日九龍倉的董事會會議上便提出幾項原則，影響了海運大廈以至其後海港城的發展方向：第一，發展猶如希爾頓酒店（Hong Kong Hilton Hotel）級數的一流酒店，酒店本身有助帶動商場店舖的租金回報；第二，發展一流的大型影院，影院觀眾成為商場店舖潛在的顧客；第三，讓商場部分區域的店舖繳交低於市價或象徵式租金，以助帶動人流進入商場。例如一些售賣普通商品的店舖租戶雖然未能負擔十足租金，但它們卻可以吸引大量人流前來光顧，如公共圖書館、大會堂、保齡球場及超級市場等；第四，由於有大量人流需要前往梳士巴利道，良好的商場出入口設計將吸引市民遊客行經商場前往他們的目的地。簡言之，九龍倉的目標是將海運大廈和海洋中心商場發展成為能夠自主存在的購物中心，而不是成為繁華彌敦道的附庸。[21] 在預期每年 5,000 萬人次進出港運大廈商場的願景下，九龍倉以呎租 1.5 至 4 港元的低廉價錢租出商舖，其在 1965 年 7 月報紙刊載的廣告便解釋了租金低廉的原因：「因為這是本港載譽多年之公司所經營，並非賺壹

筆錢便離埠他去的掘金者。事實上，本公司所建之商場，係採第壹流材料第三級租金，為香港維護信譽，為東方最佳之自助商場，歷久不衰。……實因體驗到若租金繼續上升，本港之貨價必隨之鋭漲，勢將失去現行之市場。」[22]

　　為什麼海運大廈和海洋中心商場會在鄰近天星碼頭處設置海濱廣場和出入口？1962 年，湯于翰醫生（Hans Tang）代表霍英東及自己與九龍倉公司商討合作發展與海運大廈連接的 K.M.L. 91 號地段，在臨時租貸與發展計劃的條款中，便指出該地段在廣東道的前庭有大量苦力及工人，如果需要發展為高級區域，必須將之與計劃興建新酒店的

1964 年海運大廈在報章上刊登租賃舖位的廣告，廣告以海運大廈「全港第一個獨立及規模最大購物中心」作招徠。

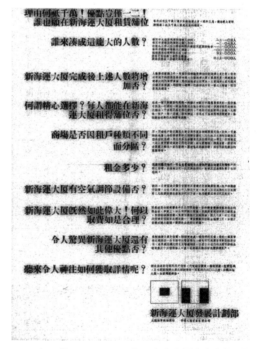

1965 年 7 月 19 日至 21 日海運大廈商場在《香港工商日報》、《星島日報》、《華僑日報》刊登的招租廣告。

K.M.L. 10 號地段（今星光行位置）連結起來，並在面向天星碼頭方向興建商場的出入口長廊。[23]

　　即使海運大廈和海洋中心最終沒有和星光行聯合成為統一的發展項目，但是讓海運大廈、海洋中心和後來的海港城商場地面通道成為市民和遊客前往梳士巴利道和尖沙咀海濱的必經之道，是九龍倉開始時的重要構想。為了落實這個構想從而帶動大量的人流進入商場，九龍倉十分着重上述商場的地面一層的發展（root development），於是提出四大方法：第一，發展如希爾頓酒店般第一級的酒店，但必須避免將商舖集中設於低層而酒店位於高層的做法，因這會令商舖租金低下，只有將酒店入口設於地面，才能提高附近商舖的租金；第二，開設一級的大型影院，使電影院觀眾成為商場潛在的顧客；第三，將部分商舖以低於市價的租金租給能帶動大量人流的租客，如圖書館、大會堂、保齡球場、超級市場等，但需要注意不要讓品味低劣的租戶進駐商場，這要通過統一管理商場的模式去篩選高級的租戶；第四，適當的商場出入口建築設計，可鼓勵人們選擇穿過商場前往梳士巴利道。[24] 然而在今天，海港城人流眾多對店舖生意額未必有正面的影響。正如大型連鎖書店專櫃售貨員 Kathran 所言，在 7 月 1 日、10 月 1 日和聖誕等特別日子，海港城需要佔據尖沙咀海濱出口至天星碼頭整條行人廣場佈置裝飾，或舉辦活動，或大量市民遊客停留欣賞維港煙花匯演，然而外面的熱鬧對海港城店舖的生意並沒有幫助。相反，人流太多會令顧客只看不買，額外的人流使有心購物的顧客卻步。雖然如此，Kathran 同意海港城較其他商場更具特色在於它把幾個商場連結在一起：「感覺很長，店舖有很多」，消費者十分喜歡海港城，因為這裏貨品種類齊全，店舖類別眾多，賣的貨品與外面的店舖不同，能滿足各方顧客的需要。[25]

1962 年 12 月，的近律師行（Deacons）向九龍倉提交關於 K.M.L. 91 號地段詳細發展的建議書，當中提出一個有趣的建議：尤其是連接未來海運大廈通道的區域，即使出售未來海洋中心商場部分樓層或商舖，都有機會影響未來海運大廈商場的整體價值。因為當商場缺乏單一的業主，便無法對商場作統一穩定的管理，而且購入商舖單位者很可能是海外華人，之後租給只能負擔較低租金的細小租戶，這便有機會令商場變成「多層式劏場」（multi-storey slum），從而嚴重影響與之連接的海運大廈的成功經營。因此，能夠確保商場擁有高質素和聲譽的租戶至關重要。[26]

1963 年，不同公司對九龍倉主導下的 SEK-6-039 號地段發展計劃感到興趣，首先霍英東與湯于翰聯合財團提出向上述項目繳交 600 萬港元的股本，並且願意每年向九龍倉繳納約 112 萬港元的租金。其後，霍英東與何鴻燊、利國偉等在同年 6 月 5 日成立的半島企業有限公司（Peninsula Development Company Limited）更願意將投資股本增至 800 萬港元，每年租金提升至 150 萬港元。霍湯財團因此更新投資項目的方案，以約 1,800 萬港元的股本全面購入地段的發展權，但無須向九龍倉繳付任何租金。9 月 2 日，羅蘭士‧嘉道理（Lawrence Kadoorie）代表九龍倉與霍英東及湯于翰會面，討論半島企業有限公司對投資該地段改變方案所引起的問題。湯于翰在會上指出，由於九龍倉起初容許中標的發展商出售發展好的住宅單位／商舖，使該公司的股東誤以為只需投資少量的資金，便可以在興建的過程中進

行預售並立即賺取利潤。湯氏認為九龍倉要決定究竟希望
該地段有良好的發展，還是着眼於短期的巨利卻附帶的劏
場式發展（slum development）。如果是前者，九龍倉唯一要
做的就是修訂與發展商的租務協議，除去所有出售該地段
任何部分的權利，這將確保「投資者主導的一級發展而不是
投機者的三級發展」。而要做到這點，除了湯于翰和霍英東
外，九龍倉應該除去半島企業有限公司其他股東投資這項
目的資格。根據九龍倉的分析，雖然霍湯財團的最新方案
令九龍倉可以即時獲取大量現金收益，在 K.M.L. 91 號地段
發展期首五年而言，新方案較舊方案多出 700 萬港元的收
益，但若加上霍湯財團原方案的每年租金收入，截止發展
期的第 15 年，前後方案的收益差異便會消失。換句話說，
長遠而言，舊方案較新方案能為九龍倉帶來更多收益。因
此，羅蘭士・嘉道理為了說服九龍倉股東接受霍湯的最新
方案，認為可由九龍倉直接承擔該項目 350 萬的股本投
資，而霍湯集團則需要改善現有的最新方案條件。然而，
霍湯二人對這樣的建議不置可否。[27]

　　1963 年 12 月 6 日，九龍倉舉行董事局會議商討發
展 SEK-6-039 號地段與潛在發展商的框架協議（Heads of
Agreement）和共同控制協議（Joint Control Agreement）。這
些協議在當時的香港商界來說實屬首創，因為既要發展商
作出大額的投資，但同時又要將租金收益分成給九龍倉，
並賦予九龍倉未來統一管理 SEK-6-039 地段建成的商場的
權利，使之成為與海運大廈緊密連結的一部分，這或多或
少減低了發展商管理商場的靈活性，所以有一些公司便在
與九龍倉就發展上述地段的商討過程中退出談判桌。在董
事局會議中，賀理士・嘉道理（Horace Kadoorie）和其他董

事局成員都同意海運大廈、K.M.L. 91 地段和 K.M.L. 10 地段海旁（praya）的位置（即今日海港城海旁露天廣場）應該以聯合的方式共同發展，而且必須在這個聯合發展計劃中興建第一級的酒店，以吸引遊客成為上述聯合發展商場中主要的顧客群，否則單靠本地顧客，將無法令這個新大型購物商場項目獲得財務上的成功。[28]

　　1963 年 12 月 30 日，九龍倉就 SEK-6-039 號地段發展方案進行討論後，霍英東與湯于翰聯合財團向九龍倉再次提交發展上述地段的方案備忘錄。霍湯財團以每呎 300 港元、合共 1,800 萬港元的價錢向九龍倉提出收購 SEK-6-039 地段，以便聯合相鄰的 K.M.L. 10 號地段聯合發展相連的購物商場中心。霍湯財團在發展方案備忘錄中就上述的方案提出兩個理據：第一，單單郵輪乘客和貨物的處理費用及豪華旅客酒店的收益無法支付興建海運碼頭的巨額投資，必須依靠零售和商業的收入；第二，無論海運大廈還是 SEK-6-039 號地段都不是位於香港現存的商業和購物中心地段，加上尖沙咀只是從約 1956 年開始逐步發展成為旅遊區，而當時區內的較繁華的店舖都集中在彌敦道等主要街道和酒店的地舖，所以需要該財團和九龍倉共同合作才能令尖沙咀海濱區域成為新興的購物熱點。霍湯財團認為海運大廈、SEK-6-039 號和 K.M.L. 10 號地段聯合發展成相連的購物商場中心，不但能囊括這三個商場的優點，其聯合的發展項目也因此而有不同好處，[29] 見表 2.4。

　　根據喜來登酒店專家的分析，單單以 SEK-6-039 號地段發展高級酒店並不能支持上述的高地價，因為其面向廣東道的位置只能以 8.67 倍的地積比率興建 13 層高的酒店

表 2.4　聯合發展購物商場的優點

商場／發展項目	聯合發展的優點
海運大廈	預期每年有十萬名郵輪旅客使用海運碼頭上岸,將成為該商場的顧客。鑑於香港和九龍區街道泊車位不足,所以海運大廈的停車場將成為吸引顧客前來的設施。
K.M.L. 10 號地段	每天面向天星碼頭的行人通道有 18 萬人次經過。
旅客酒店	在聯合發展計劃中增設高級旅客酒店將十分有利海運大廈、K.M.L. 10 號和 K.M.L. 91 號地段商舖的生意,尤其是位於較高層數的商舖。
巨大商店空間	有足夠大的空間去容納足夠數量的商店,購物中心才能建立,而這只能建基於上述的聯合發展計劃。計劃如果能夠容納大型百貨公司進駐則更佳。例如在銅鑼灣東角佔據十萬平方呎面積的大丸,已經能夠成為該區獨立的購物中心,吸引本地市民和遊客。為了達到這個目的,發展商需要接受百貨公司以較低廉的平均租金去租下商場大面積的商舖,至少首五至七年維持這種租金優惠。

大廈,這使其平均呎價只值 118 至 121 港元。而該地段只有長 65 尺的地方面向廣東道,所以進行商業和住宅混合發展亦不合適。因此,SEK-6-039 號和 K.M.L. 10 號地段聯合發展為零售購物中心是唯一可行的方案,令兩者共同提供 227,000 平方呎的商舖面積,才能支持上述的高地價,並且對海運大廈提供協同效益。[30]

　　然而,鑑於九龍倉堅持商場和海運碼頭需要同時開幕,使上述的建築時間十分緊迫,加上這方案中九龍倉未能同時成為 SEK-6-039 和 K.M.L. 10 號地段的統一管理者,容易令兩個地段的商場各自為政,最終令這些相連商場的地面發展質素隨着時間推移而不斷惡化,最終會拖垮海運碼頭項目,這是九龍倉無法承受的失敗。雖然九龍倉曾考慮單獨發展海運大廈,而將面積 60,000 平方呎的 K.M.L. 91

號地段完全出售，這方案的收益較將該地段判給發展商所收到的即時股本收入高出 200 至 400 萬港元甚至更多的金額。然而，這方案帶來的壞處也不少，如海運大廈旁會有「劏場」式商場出現、從廣東道出發前往海運大廈將變得十分困難，以至海運大廈地面樓層變成如美麗都大廈（Mirador Mansions）般一片「死水」（backwater）等。因此，最終以 SEK-6-039 號和 K.M.L. 10 號地段海旁租給同一發展商，並由九龍倉統一管理最為可行。[31]

為了尋找和吸引高質素租客落戶未來的海洋中心商場，1964 年 1 月，九龍倉曾派員到日本接觸並了解日資百貨公司的意向。然而，正式表示有興趣的日資公司數目不多，原因有三：第一，日本政府不容許兩間日資百貨公司在同一個海外城市進行直接競爭，除非有足夠證據證明它們同時存在可以達至盈利，並且成為重要的外匯來源；第二，在 1960 年代，有 13 間主要日資百貨公司在東京營運，競爭激烈，所以當中部分公司缺乏財力作海外的擴張；第三，鑑於高島屋、西武百貨及東武百貨過往在紐約、洛杉磯和檀香山營運虧蝕的先例，部分保守的日資百貨公司不考慮在海外開設分店的計劃。簡言之，當時經接觸的日資百貨公司對是否落戶海洋中心有以下不同的決定[32]，見表 2.5。

總結表 2.5 的分析，九龍倉在日本的考察人員建議應該尋求與三井合作的機會，並明言無法信納霍英東等財團提出的觀點：K.M.L.10 號和 K.M.L. 91 號地段合併發展為綜合商場為海運大廈帶來的好處多於壞處，該商場的商舖將有助引入更多商店進駐。如果相信這樣過分簡化實況的

表 2.5　日資百貨公司對落戶海洋中心的決定

55

第二章　從公用到私用的發展

百貨公司	決定
大丸	認為海洋中心商場集中發展模式過於新穎，超出他們的原本預期，所以不會在海洋中心開設分店，但九龍倉考察人員認為他們有在九龍半島開店的打算。
松坂屋	K.M.L. 10 號地段業主只願意將樓上樓層租予松坂屋，被認為是不可接受的條件。因此，九龍倉考察人員相信如果可以在短時間內將海洋中心商場地下租予松坂屋，他們將有興趣進駐。
住友不動產	住友認為落戶海洋中心的計劃規模過大，但它已表明會嘗試接觸其他日本企業尋找共同投資的可行性。然而，九龍倉考察人員亦向住友表明，不能慢慢等待他們的最終方案而影響九龍倉和其他百貨公司或企業的商討過程。
三井	三井不但對 K.M.L. 91 號地段有強烈的興趣，對於海運大廈商場和停車場的投資亦感興趣。三井領頭有興趣參與這投資計劃的公司包括：三井不動產、三井物產、三越百貨（西武百貨或東武百貨為次選）、帝國酒店株式會社 / 東京銀座。

觀點，則尤如「預期一些令人倒胃、禿鷹般的雞隻自己走回家被烤熟一樣」（expect some unpleasantly buzzard-like chickens coming home to roost）。在商業報告中以如此幽默挖苦的筆觸去否定一種合作方案的做法並不常見，因此考察人員特別提出個人意見，認為 K.M.L. 91 號地段與同屬九龍倉管理的海運大廈能夠聯合發展和營運，預期可有巨大複合性增長的潛力。[33]

　　1964 年 6 月 5 日，九龍倉關於 SEK-6-039 號地段的備忘錄中提出四項選擇該地段發展商的優先準則：第一，能夠就行人和汽車前往海運大廈的方案作出迅速的最終決定；第二，發展商所提供的財務及收益條件，這與海運大廈開幕後現金流對其開支承擔息息相關；第三，不同發展商的效率、發展模式及發展方案，如何與九龍倉在尖沙咀

HONGKONG & KOWLOON WHARF & GODOWN CO. LTD.
KOWLOON MARINE LOT NO. 91 & R.P. OF K.M.L. 10.
Plan B SHOWING INTEGRATED CONNECTION AT PLUS 33' P.D. LEVEL

1964 年 12 月 21 日九龍倉有限公司就 SEK-6-039 及 K.M.L. 10 號地段餘下部分的標售草圖，可見其與海運大廈商場的連結通道（香港社會回顧項目提供）

海濱的現有物業作共同零售商業的發展；第四，九龍倉需要在財政、法律和聲譽上都能夠信任發展商實行的發展模式和支付收益方面的能力。安順洋行、霍英東、香港本地中小型公司、日資公司，以至國際財團都先後入標表示有興趣發展 SEK-6-039 號地段。[34] 霍英東對 SEK-6-039 號地段的發展權可說是志在必得，繼 1963 年先後以半島企業有限公司和與湯于翰聯合的財團向九龍倉入標競逐該地段的發展權後，霍英東於 1964 年再以他和何鴻燊為首的九龍置業有限公司（Kowloon Reality Company Limited）的名義第三次入標申請該地段的發展權。這次九龍置業提出的兩個條件方案：第一，以每呎 300 港元的價格計算，合共約 1,821

表 2.6　九龍倉與中建企業的租金收入分成

淨租金收入（港元）	九龍倉分成（港元）	中建企業分成（港元）
600 萬	300 萬	300 萬
700 萬	375 萬	325 萬
800 萬	450 萬	350 萬
900 萬	500 萬	400 萬

萬港元，以現金支付（outright purchase）的方式購入 SEK-6-039 號地段的發展及使用權。九龍置業會將 SEK-6-039 號和 10 號地段聯合發展，並在前者興建酒店。此外，九龍置業和九龍倉聯合管理海運大廈和 SEK-6-039 號地段商場零售店舖的租務事務，但九龍置業保留 SEK-6-039 號地段商場地下優先租給銀行、航空公司辦公室、餐廳和咖啡店的權利，直至海運大廈和 SEK-6-039 號地段商場地下以外樓層的九成店舖已經租出為止；第二，向九龍倉支付 600 萬港元拿取項目發展權，並且以 75 年租約的方式每年繳納 100 萬港元的租金，並有續租 75 年的權利。[35]

　　1965 年，許世勳和陳德泰財團及香港置地公司分別向九龍倉提交發展 K.M.L. 91 號地段的標書。許陳財團提出由九龍倉和許世勳轄下的中建企業合組聯營公司發展上述地段，各佔 50% 權益，九龍倉以該地段價值 1,500 萬港元的地皮作聯營公司的股本，中建企業則向公司注入 1,500 萬港元現金。其發展方案主要有三部分：興建兩座影院、一定數量的零售商舖，以及在 5 至 17 樓提供服務單身人士的出租式住宅單位。由於預計整個發展計劃需要 3,000 萬港元的建築費，所以中建企業會在市場以長期貸款的方式籌集另外 1,500 萬港元的資金。中建企業預計雙方在此項目償還貸款期間能夠各有每年 8% 的收益。然而，九龍倉認為 SEK-6-039 號地皮價值 2,000 萬港元，因此認為在項目建成後的年租金收入超過 600 萬港元的情況下，九龍倉須收取超過 600 萬港元租金收入份額的一半，以 100 萬港元為上限，當中未包括首十年兩間公司分別攤分的每年 75 萬港元的還款開支，[36] 見表 2.6。

香港置地公司的發展方案與許陳財團分別不大，最大分別在於上述的住宅單位由租出改為售賣。九龍倉在這個方案中可以一次獲得 1,650 萬港元的資金，並且在上述所有單位售出前收取以上金額 8% 的利息。海運大廈和 SEK-6-039 號地段發展委員會認為這方案中 8% 的利息收入不及與中建企業合組聯營公司的收益，但即時獲取的 1,650 萬港元可以作為九龍倉在尖沙咀海濱發展倉庫的資金投入，尤其是用在廣東道較北地段的新倉庫用地的發展。[37]

在同年 2 月委員會的會議中，委員一致認為中建企業的方案較置地吸引，而且置地比中建較遲就 SEK-6-039 號地段發展表示感興趣，所以同意應該優先與許陳財團就發展計劃詳情作進一步商討。時任委員會主席、怡和洋行主席郝禮士（Michael Alexander Robert Young-Herries）強調與中建的談判不要拖得太久，因為海運大廈的興建工程已如火如荼。委員賀理士・嘉道理亦指出糾纏於要求中建將投入股本的資金由 1,500 萬港元增至 2,000 萬港元，以達至九龍倉估算 SEK-6-039 號地段地價一樣的水平，徒然浪費時間，較立即取得 1,500 萬港元現金進行發展來說，顯得不明智。另一方面，賀理士・嘉道理對中建的發展方案提出四個疑問：第一，他認為九龍倉和中建在發展項目中各佔一半權益的做法並不理想，因為這代表中建可以任命項目的總監和總經理兩職，實際完全控制了項目的監察工作；第二，興建影院是高風險的投資，因電影的前景可以隨時間而變；第三，應該集中興建大型住宅單位，放棄小型單位；第四，興建 900 個住宅單位數量過多，應該撥出部分空間作為使用九龍倉服務企業的辦公室之用。與會者討論了賀理士・嘉道理的意見。郝禮士認為如果可以達成九龍倉和中建在項目權益分別佔 51% 和 49% 自然較理想，但九龍倉可以要求在營運項目的聯營公司中遇有決議正反票數相同時有決定票（casting vote）權利。的近律師行的與會代表更指出當時香港的聯營公司一般都是雙方各佔一半的權益，甚至沒有決定票的規定，所以懷疑中建會否接受 51／49 權益劃分的要求。結果與會者同意維持 50／50 權益劃分的規定，但加入九龍倉擁有決定票的條款和中建商討。此外，與會者同意應興建大型的單位，但不應撥出部分原作住宅用途的空間作辦公室用途，因為相鄰的 K.M.L. 10 號地段已計劃興建整幢辦公室大樓，即後來的星光行。[38]

除了 1970 年代年至 2013 年在星光行顯著位置經營中國書畫、玉石、雕刻和刺繡等工藝品的中藝（香港）有限公司外[39]，星光行的另外一個重要景點應是香港歷史上的第二間蠟像館 —— 惠文蠟像館。該蠟像館在 1970 年 8 月 28 日於星光行五樓開幕，展出了孫惠文創作的蠟像藝術品。香港旅遊協會執行幹事史敦禮在開幕禮發言時便讚賞惠文蠟像館的重要性：「一般評論，認為我們在文化事物方面，沒有足夠的吸引力，我們對於東方的文化、習俗及三藝（雕塑、繪畫和建築）的崇高價值，亦乏充分的理解，現

1960 年代末至 1970 年代初的海運碼頭、天星碼頭、星光行及尖沙咀火車站。星光行前有「慶祝中華人民共和國成立」的字樣（蔡思行藏）

在,最低限度,我們可以在海外及世界各地,宣傳本港蠟像館中的工藝品。」[40] 除了傳統中西方歷史或文物人物形象的蠟像,更有華人女性裸露乳房的蠟像,其在性方面尺度之大,成為了當時日文香港旅遊書介紹的重點之一。[41] 另外,同年 11 月 7 日,星光邨(Harbour Village)在星光行五樓開幕,被譽為迷你版的「中國城」(miniature Chinatown)及「摩登大笪地」。星光邨面積 36,500 平方呎,當中包括剛開業不久的廣東菜酒家翠園,以及有 18 個專注製作不同中式工藝品或技藝的攤位,包括人像畫、中國剪紙、彩瓷、掌相、竹製品、象牙製品和擦鞋服務等。當中更設有展覽中心,向參觀者展示象牙雕刻、地氈編織和藤具編織等中國工藝製作過程。由於星光邨鄰近天星碼頭和海運大廈,因此主持星光邨開幕儀式的香港置地公司總經理羅弼仕指出,當時香港訪客主要到訪山頂、新界和海鮮舫,他們來去匆匆,甚少機會體會香港街巷市集的特色。他認為星光邨這種企業化的中國特式市集,正好填補這方面的遊覽需要。[42]

　　至於第一代香港歷史博物館亦曾設於星光行內。鑑於包含介紹香港歷史成分的藝術館局限於香港大會堂高座的兩層空間,作為全香港的公共博物館並不理想。因此,1975 年 7 月 18 日,市政局轄下、與藝術館分家的歷史博物館在星光行五樓星光邨內開幕,佔地 8,300 平方呎,在總租金 400 萬港元的五年租借期內,歷史博物館提供包括本地歷史、早期漁業、本地錢幣和本地古物四個關於香港歷史的展覽,成為文化中心建築群建成前尖沙咀最重要的文化地標。其後在威菲路軍營發展成為九龍公園後,歷史博物館再遷至九龍公園內。[43]

2015 年 10 月 1 日，尖沙咀誠品生活店以「屹立維港海岸，位處見證時代變遷的星光行」的口號落戶於星光行，並通過行人天橋的連結成為海港城的一部分，最終部分完成 1960 年代星光行與海運大廈連結的構想。

1977 年，在 SEK-6-039 號地段興建的海洋中心商場及海洋大廈寫字樓正式落成。根據《華僑日報》1977 年 5 月 28 日〈海洋中心特刊〉的介紹，海洋中心商場連貫海運大廈和海洋大廈，佔地 12 萬平方呎，樓高 200 呎，以獨特建築風格和配套設施為賣點：「建於四層高商場上之弦月型寫字樓，均鋪砌上美觀奪目的白色玻璃紙皮石，其彎曲體型的設計產生千態萬狀的對照，從任何角度都出現軒昂宏偉，

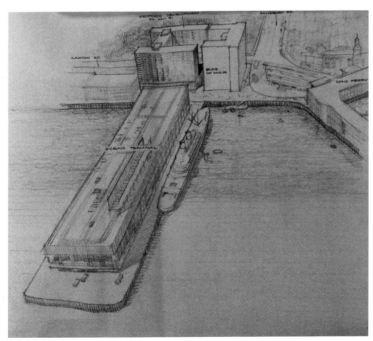

在甘洛（Eric Cumine）建築師行工作的建築師郭敦禮（Stanley Kwok）繪畫的海運大廈與 SEK-6-039 號地段發展的設想草圖，可見兩座建築物連為一體。（香港社會回顧項目提供）

1970 年代末的尖沙咀海濱，可見海洋中心已經落成，而右方的尖沙咀火車站大樓尚存，唯連接該大樓的路軌已經拆卸。（蔡思行藏）

巍峨壯觀」、「十八部行人電梯及超過三千呎空氣調節的商場暢通走廊，使每間商店都處於顯著位置及能保持本身風格。」[44] 海洋中心商場共有一百多間商舖，開業時有百佳超級市場、渣打銀行、廣安銀行和高登銀鏡等，但當中最著名者當數海洋皇宮酒樓夜總會。海洋皇宮酒樓在 1977 年 3 月 25 日開業，佔據海洋中心四樓全層、戶外花園及專用停車場達 12 萬平方呎，耗資 3,000 萬港元裝修建成，能夠延開 200 席。酒樓附設的夜總會佔地約 10,000 平方呎，沒有任何支柱遮擋維港景色，並設有旋轉活動舞台，由著名作曲家顧家輝主理表演活動事宜。酒樓所用銀具器皿價值超過 100 萬港元，另設有當年最新勞斯萊斯豪華房車，作為酒樓顧客新婚迎親花車之用。同時，特刊亦介紹未來連接

海洋中心的 47 萬平方呎地皮將興建「海港城市」，即後來的「海港城」。[45]

今天尖沙咀廣東道以西海濱，中港城及海港城（港威中廈、海洋中心、海運大廈）清晰可見。

海港城的發展挑戰

「一個海港，只有一個海港城」是海港城在 2000 年代十分著名的宣傳口號，[46] 借用香港作為海港的想像，表示海港城是香港唯一具個性的商場。因此，九龍倉不只招徠名店落戶海港城，更在海洋中心商場名店旁邊開設美術館 "Gallery by the Harbour"，不惜放棄該位置的潛在優厚租金，專門舉辦藝術展覽，抱着「藝術融入生活」的使命，但更重要的是提升商場的無形價值，從而吸引高端的消費群

THE "STAR" FERRY
TO
HONG KONG

1980 年代的星光行及天星
碼頭，可見中藝公司佔據
星光行的主要位置，而天
星碼頭後面則是興建得如
火如荼的香港文化中心地
盤。（蔡思行藏）

體到訪商場。[47] 街頭表演 busking 的年青組合 FFeverie 認為，前往尖沙咀不會在海港城消費，因為過於昂貴，但作為表演者，他們覺得需要有海港城這樣能吸引多樣化遊客的購物據點，但如果太過着重消費，則不如在機場一帶開辦如東薈城的購物 outlet 商場。[48] 海港城商場地下在不同時間均會舉行不同的藝術展覽或音樂表演，使海港城能夠與香港其他區域一般只着重消費的大型購物商場有所區別。[49] 因此，海港城除了舉辦梵高、江啟明等海內外藝術名家展覽外，當法國著名街頭藝術家 Space Invader 在 2017 年 9 月在未得海港城事先同意下，在海港城 18 個不同的地點留下食鬼、美人魚等馬賽克塗鴉，海港城同意留下 Space Invader 的作品，因其明白到街頭藝術的價值，並認為市民遊客會在社交媒體分享，對市場推廣有正面的價值。[50] 此外，海港城自 2001 年起亦特別與著名藝術家如草間彌生、岳敏君等合作，發行一系列高級藝術性贈品，市民在消費一定金額後可換領，這樣可使商場高級的形象通過贈品留在目標顧客的心裏。[51]

　　海港城既有面向海濱的一面，但近年來其面向廣東道的一面亦引起一些爭議。廣東道在回歸前後都是食肆林立的「富豪食街」，魚翅酒家新同樂、香滿樓、金象苑和 Planet Hollywood 等都是當中的表表者，但隨着 2003 年自由行政策實施後，中國內地訪港旅客漸多，海港城改變其發展定位，着重將廣東道變成國際消費品牌的集中地，上述的食肆逐漸退場。[52] Planet Hollywood 的原來位置變成意大利名牌 Dolce & Gabbana（D&G）尖沙咀店，2012 年，由於海港城保安要求市民不要在街道上拍攝該店，並明言內地遊客拍照則沒有問題，市民需要到廣東道對面馬路才能拍照。市民大表不滿，遂通過網絡發起千人包圍 D&G 尖沙咀店拍照。結果，該店發表聲明：「強調絕對無意冒犯任何香港市民」、「本公司強烈反對任何帶有種族主義或貶抑意味的言論」來平息風波。[53] 當然，海港城是否專屬香港市民享用頗成疑問，因為由海運大廈發展成海港城，由 1960 至 1970 年代期間，海港城主要服務歐美客，被視為「鬼佬竇」，到 1990 年代則主要服務東南亞遊客，及至 2003 年後，其服務對象以內地客為主。[54] 香港市民到訪海港城的潮流，是由近年海港城推出大型商場活動而引起的。

遊客和市民在海港城停留的時間始終有限，而在海港城商舖工作的人士則為我們對海港城是否如外國遊客所說的「西方化」提供另一種參考角度。在海港城商舖工作的售貨員 Iris 對海港城商場提出兩個特點：第一，海港城較一般屋邨商場多元化，只要顧客想到什麼東西要買，在海港城都能找到；第二，她認為海港城近來為了迎合內地人市場，變得較為「內地化」，例如本來英文的告示變成了中文簡體字，一些內地品牌亦開始進駐。在她心目中，海港城就是「香港」，所以引入內地品牌並不合適。然而，Iris 亦指出海港城商場在星期一至五主要做內地人的生意，星期六和日才有一些本地客，外國顧客就更少，按比例來說，內地遊客佔生意額達八成之多。因此一遇上內地遊客訪港潮退卻，海港城商舖的生意便會受到不少影響。[55] 另一位大型連鎖書店專櫃的售貨員 Kathran 亦指出，內地遊客是其店舖重要的收入來源，例如有一位內地遊客曾消費幾萬港元，但他們喜歡查詢店員有沒有扣折或贈品，與香港本地顧客習慣明碼實價，不會特別詢問有沒有折扣的消費模式不同。[56]

　　希望零售區不要使用本地以外語言的訴求並不只限於尖沙咀和香港，例如 2006 年 Watson 對英國公主街（Princess Street）的實地考察顯示，不論受訪者是白種英國人、越南裔英國人還是肯亞裔英國人，他們都對於該街道出現英文以外的街道指示牌及孟加拉移民完全不說英文感到不滿，認為英國人和他們互相都無法明白對方。[57] 由海港城的案例可見，尖沙咀海濱究竟能否在招待遊客的旅遊區和服務本地市民的休閒康樂區的角色之間取得平衡，是對海港城等私人購物中心以至政府當局的一個挑戰。

註釋

1. David Johnson, *Star Ferry: The Story of a Hong Kong Icon* (Auckland: Remarkable View Ltd., 1998), p. 24; "The Kowloon Wharves and Godowns," *Hong Kong Daily Press*, 16 November 1886, p. 2.

2. "Peninsula Hotel Opening," *The Hong Kong Telegraph*, 12 December 1928, pp. 2, 11.

3. 高添強、黎健強：《彩色香港，1940s–1960s》（香港：三聯書店，2013 年），頁 89。

4. S. E. Faber, "Extract of Memorandum from Mr. S. E. Faber Dated 10th September 1962: Ocean Terminal—Tenders,"; "Ocean Terminal Financial Effect," in "To the Board of Directors: Ocean Terminal—Negotiated Contract," 12 June 1963; The Hongkong & Kowloon Wharf & Godown Company, Limited, "Ocean Terminal: Concessions, Etc.," 香港社會發展回顧項目檔案，SEK-6-038；"Govt to Assist in Financing of New Ocean Terminal," *South China Morning Post*, 31 May 1962, p. 1. 最終海運大廈商場擁有兩層長 1,000 尺、闊 200 尺的樓層，其長度猶如半島酒店沿彌敦道至美麗華酒店的距離。參見 "2 Months to Opening: Governor to Open Ocean Terminal in March," 香港社會發展回顧項目檔案，SEK-6-038。九龍倉原 1 號貨運碼頭

建於 1916 年，全長 657 英尺，1935 年增至 750 英尺。參見 "Port Brings Prosperity to City of Hongkong," *South China Morning Post*, 21 August 1978, p. 7.

5. The Hongkong & Kowloon Wharf & Godown Company, Limited, "Ocean Terminal Savings in Handling Costs, New Business, etc.," 香港社會發展回顧項目檔案，SEK-6-038。九龍倉指出在意大利、印度，以及美國的洛衫磯和長島興建新碼頭後向乘客收取人頭稅是慣常的做法。啟德機場新客運大樓建成後，亦收取機場建設稅。

6. "Ocean Terminal: Discussion of Sketch Design," 27 September 1962, 香港社會發展回顧項目檔案，SEK-6-038。

7. Jon A. Prescott, "Summary of Suggested Principles Applicable to Broad Layout of Ocean Terminal Complex Based on Interviews and Visits of Jon A. Prescott in the U.S.A. and Canada, November/December 1963," 香港社會發展回顧項目檔案，SEK-6-294, A04/24。白自覺在 1971 年至 1972 年擔任香港建築師學會會長。

8. "Opinions on Major Planning Policy in Relation to Layout of the Ocean Terminal Complex, Distilled from the Interviews between Jon A. Prescott and the Various People Mentioned, in U.S.A. Visit November/December 1963,"; Jon A. Prescott, "Summary of Suggested Principles Applicable to Broad Layout of Ocean Terminal Complex Based on Interviews and Visits of Jon A. Prescott in the U.S.A. and Canada, November/December 1963," 香港社會發展回顧項目檔案，SEK-6-294, A04/24.

9. The Hongkong & Kowloon Wharf & Godown Co., Ltd., "Seventy-Second Report of the Directors Chairman's Statement and Statement of Accounts for the Year 1962," pp. 3, 9, 香港社會發展回顧項目檔案，SEK-6-037。

10. "2 Months to Opening: Governor to Open Ocean Terminal in March," 香港社會發展回顧項目檔案，SEK-6-038。在香港政府的要求下，九龍倉公司特別增加額外能容納約 600 架車輛的停車層，使泊位較原來增加一倍，參見 "Ocean Terminal Progress Report No. 1," 13 September 1963, 香港社會發展回顧項目檔案，SEK-6-038。

11. "Ocean Terminal: Discussion of Sketch Design," 27 September 1962, 香港社會發展回顧項目檔案，SEK-6-038。

12. "Appendix C: Property 1955-1964/65, Land Areas, Leases, Demolition, New Construction Tonnage Capacity," 香港社會發展回顧項目檔案，SEK-6-039。

13. J.R. Henderson, "The Hongkong & Kowloon Wharf & Godown Company, Ltd.: Property," 22 September, 1964, 香港社會發展回顧項目檔案, SEK-6-039。

14. "Property Development," 19th May 1961, 香港社會發展回顧項目檔案, SEK-6-039。西環倉庫完成重新發展工程,將令九龍倉整體的倉庫空間提升一倍。參見 From J.R. Henderson, to the Superintendent of Crown Lands and Survey, 1 October 1964, 香港社會發展回顧項目檔案,SEK-6-039。

15. From J.R. Henderson, to the Superintendent of Crown Lands and Survey, 24 September 1964; From J.R. Henderson, to H. Kadoorie, 1 October 1964; J.R. Henderson, "The Hongkong & Kowloon Wharf & Godown Company, Ltd.: Property," 22 September, 1964, 香港社會發展回顧項目檔案,SEK-6-039。

16. 城市設計處:〈城市設計九龍第一區尖沙咀分區計劃大綱圖 LK 1/56 號圖則說明書〉,1976 年 6 月,HKRS70-8-4844,香港政府檔案處。

17. "Tsimshatsui Scoops Tourist Gold," *China Mail*, 2 April 1973, cited in HKRS70-7-564-1, Hong Kong Government Records Service.

18. 曾肇弘:〈光影記錄老香港〉,《星島日報》,2017 年 8 月 28 日,頁 E05。

19. 〈海運大廈,裝無綫電視一百五十座〉,《華僑日報》,1967 年 9 月 1 日,第 3 張第 4 頁。

20. 〈Executive 日記──讀者提供珍貴相片 李小龍都喺海運打過卡〉,《頭條日報》,2017 年 10 月 25 日,http://hd.stheadline.com/news/columns/0/20171025/614945/。

21. "Development of K.M.L. 91 in Conjunction with the Ocean Terminal," 13 September 1963, 香港社會發展回顧項目檔案,SEK-6-038。

22. 《香港工商日報》,1965 年 7 月 19 日,第 9 頁。

23. "Development Scheme of K.M.L. 91 Adjoining Sea Terminal," General Manager, Hong Kong & Kowloon Wharf & Godown Co. Ltd., to H. Kadoorie, 18th December 1962; "Proposed Development for K.M.L. 91," 香港社會發展回顧項目檔案,SEK-6-038。

24. "Memorandum and Comments on Documents Produced by Mr. Prescott," 香港社會發展回顧項目檔案,SEK-6-037。

25. 海港城商舖售貨員 Kathran 的訪問;訪問者:蔡青慧,2018 年 8 月 10 日。

26. Deacons, to Hongkong & Kowloon Wharf & Godown Co. Ltd., 17 December 1962, 香港社會發展回顧項目檔案，SEK-6-038。

27. The Hongkong & Kowloon Wharf & Godown Co. Ltd., "Comparison of Offers on K.M.L. 91," 香港社會發展回顧項目檔案，SEK-6-037；Registry of Companies, "Peninsula Development Company Limited: Particulars of Directors as on the 5th Day of June 1963"; Sir Elly Kadoorie & Sons, "Memorandum: Report on Meeting between Mr. Lawrence Kadoorie, Dr. Hans Tang and Mr. Henry Fok on Monday, 2nd September 1963," 2 September 1963, 香港社會發展回顧項目檔案，SEK-6-037。

28. From V.J. Song, to M.W. Lo, 4 December 1963; The Hongkong and Kowloon Wharf and Godown Company, Limited, "Memorandum of Discussion Relative to the Development of K.M.L. 91 and the Remaining Portion of K.M.L.10," 6 December 1963; "Agenda of a Meeting of the Board of Directors," 6 December 1963, 香港社會發展回顧項目檔案，SEK-6-037。框架協議規定，成功奪標的發展商需要就 K.M.L. 91 號地段向九龍倉交付合共價值 800 萬港元的股本，並在首七年發展期內每年向九龍倉預繳不少於 150 萬港元的租金，從第七年開始則按市場租金調高或調低相關租金。參見 "Heads of Agreement between the Hongkong & Kowloon Wharf & Godown Co. Ltd. and the Developer of K.M.L. 91," 香港社會發展回顧項目檔案，SEK-6-037。

29. Secretary of the Hongkong & Kowloon Wharf & Godown Company Limited, to H. Kadoorie, 2 January 1964; "Proposed Combined Development for K.M.L. 10 & K.M.L. 91," 香港社會發展回顧項目檔案，SEK-6-037。

30. "Proposed Combined Development for K.M.L. 10 & K.M.L. 91," 香港社會發展回顧項目檔案，SEK-6-037。霍湯財團舉例說明當時的希爾頓酒店、美麗華酒店和總統酒店（今 iSQUARE）地價分別只值 1,500 萬、1,600 萬和 500 萬港元，都低於霍湯財團提出收購 K.M.L. 91 地段的總地價。

31. "Memorandum and Comments on Documents Produced by Mr. Prescott," 香港社會發展回顧項目檔案，SEK-6-037。

32. "Visit to Japan — 16th to 30th January 1964," 3 February 1964, pp. 1–3, 香港社會發展回顧項目檔案，SEK-6-037。

33. "Visit to Japan — 16th to 30th January 1964," 3 February 1964, p. 4, 香港社會發展回顧項目檔案，SEK-6-037。

34. The Hongkong and Kowloon Wharf and Godown Company, Limited, "Memorandum: K.M.L. 91," 5 June 1964, 香港社會發展回顧項目檔案，SEK-6-039。

35. The Hongkong & Kowloon Wharf & Godown Co. Ltd, "K.M.L. 91," 3 July 1964, 香港社會發展回顧項目檔案，SEK-6-039。九龍置業有限公司成立於 1962 年 12 月 28 日，董事包括湯于翰及霍英東太太霍呂燕妮。在該公司的 12 名董事中，何鴻燊排名第 10，唯九龍倉的文件另稱九龍置業為「霍何財團」(Fok/Ho Group)，或以異於前此「霍湯財團」而有此代稱，所以湯于翰在這次入標競投 SEK-6-039 號地段仍有一定角色。參見 "Kowloon Realty Company Limited: Particulars of Directors as on the 28th Day of December 1962," 公司註冊處。

36. KML 91 and Ocean Terminal Development Sub-Committee, "K.M.L. 91," 15 February 1965, 香港社會發展回顧項目檔案，SEK-6-039。

37. KML 91 and Ocean Terminal Development Sub-Committee, "K.M.L. 91," 15 February 1965, 香港社會發展回顧項目檔案，SEK-6-039。

38. The Hongkong & Kowloon Wharf & Godown Co. Ltd., "Notes Taken at a Meeting of the KML 91 and Ocean Terminal Development Sub-Committee Held on Wednesday, 17th February 1965," 19 February 1965, 香港社會發展回顧項目檔案，SEK-6-039。

39. 在 1971 年 9 月的香港旅遊協會出版的官方旅遊指南中，可以看到中藝（香港）有限公司在九龍半島和港島區的分店分別設於尖沙咀星光行和中環亞細亞行（Shell House），參見 *September Hong Kong Official Guide* (Hong Kong: The Hong Kong Tourist Association, 1971)。報紙中未見中藝星光行分店開幕的報道，中藝星光行分店名稱首次出現於 1981 年，參見〈北京美術名家作品即將在星光行展出〉，《大公報》，1981 年 11 月 11 日，第 2 張第 5 版。

40. 〈惠文蠟像館開業，史敦禮少校主持剪綵〉，《華僑日報》，1970 年 8 月 29 日，第 2 張第 4 頁。

41. 參見平岩道夫：《香港マカオ台灣の旅》(大阪：保育社，1971 年)，頁 44–45。

42. 〈星光邨開幕，羅弼仕主持剪綵〉，《華僑日報》，1970 年 11 月 8 日，第 3 張第 3 頁；*Hong Kong Destination Guide*, vol. 1, No. 1 (November 1974), p. 63.

43. "Cultural Complex to Go into Cold Storage," *South China Morning Post*, 19 February 1975, p. 8; "Speech by Mr. Peter P.K. Ng, at the Annual Convention Debate of the Urban Council on 14th January 1975,"; "New Museum to Feature Four Exhibitions of Local Interest," 21 March 1975,

Press Release, Urban Council, HKRS70-6-377-1，香港政府檔案處；〈尖沙咀文娛中心，十年內分期完成〉，《明報》，1974 年 12 月 18 日，頁 2；〈星光邨博物館，現已遷入辦公〉，《華僑日報》，1975 年 6 月 7 日，第 3 張第 2 頁。

44. 〈海洋中心大廈雄視港九，商場設計美觀〉，《華僑日報》，1977 年 5 月 28 日，第 6 張第 1 頁。

45. 〈海洋中心大廈雄視港九〉、〈海洋中心連貫海運商場〉、〈海洋中心商場寶號〉，《華僑日報》，1977 年 5 月 28 日，第 6 張第 1 頁；〈海洋皇宮大酒樓夜總會，昨日中午開幕盛況空前〉，《華僑日報》，1977 年 3 月 26 日，第 2 張第 3 頁。

46. 嚴啟明：〈海港城挑戰傳統道德觀〉，《信報財經新聞》，2006 年 8 月 19 日，第 20 頁。

47. 〈商場「買起」藝術展覽？〉，《明報》，2014 年 5 月 15 日，頁 E15；〈商場為形象 忽然藝術〉，《香港經濟日報》，2006 年 8 月 5 日，頁 A10。

48. 街頭表演樂隊 FFeverie 的訪問；訪問者：蔡青慧，2018 年 6 月 16 日。

49. 〈店舖千篇一律 傷害社區元素 商場無特色 潛伏危機〉，《文匯報》，2007 年 5 月 10 日，頁 A22。

50. 〈江啟明 重拾昔日香港情懷〉，《香港商報》，2009 年 6 月 28 日，頁 B09；〈放大版梵高《向日葵》香港人爭住影〉，《頭條日報》，2013 年 7 月 16 日，第 12 頁；〈海港城 18 個隱蔽位置 法國藝術家 親繪食鬼馬賽克〉，《頭條日報》，2017 年 9 月 25 日，第 14 頁。

51. 譚淑美：〈海港城推廣大員講展覽藝術〉，《信報財經新聞》，2014 年 2 月 25 日，頁 C03。

52. 〈2047 香港大變臉〉，《香港經濟日報》，2007 年 6 月 28 日，頁 A12。

53. 〈千人圍堵 D&G：無意冒犯港人 發聲明回應禁拍指非該公司員工〉，《明報》，2012 年 1 月 9 日，頁 A03。

54. 安裕：〈説幾句公道話〉，《明報》，2012 年 1 月 29 日，第 5 頁；〈吳光正退下火線説今昔 回首廣東道變天〉，《星島日報》，2015 年 5 月 3 日，第 4 頁。

55. 海港城商舖售貨員 Iris 的訪問；訪問者：蔡青慧，2018 年 5 月 29 日。

56. 海港城商舖售貨員 Kathran 的訪問；訪問者：蔡青慧，2018 年 8 月 10 日。

57. Sophie Watson, *City Publics: The (Dis)enchantments of Urban Encounters* (London: Routledge, 2006), pp. 55–57.

1990 年代尖沙咀中心及帝國中心面向維港一面的聖誕燈飾，聖誕看燈飾成為尖東的代名詞。
（蔡思行藏）

第三章
海濱日常生活
閒暇與繁華

尖沙咀海濱作為公共空間，除了成為社交和身份認同的角力場外，亦成為文化和社
會想像其中一個重要的投射點。1980 至 1990 年代，香港不少電影和音樂短片都
在尖沙咀至尖東的海濱取景。這些影像塑造了香港人對尖沙咀海濱這一公共空間的
想像。

以往尖沙咀是來往九龍半島和港島區的交通樞紐，市民遊客或乘搭天星小輪前往中環或灣仔，或在尖沙咀巴士總站乘搭巴士前往九龍半島各區[1]，又或者在尖沙咀火車站乘搭火車返回中國內地。戰後初期，尖沙咀只有美麗華酒店等消費娛樂設施，因此市民遊客不會長時間停留在尖沙咀區，最多只會惠顧天星碼頭的年輕擦鞋匠，匆匆忙忙擦好鞋便離開。後來海運中心以至星光大道陸續落成，尖沙咀海濱漸漸能夠留住人流，市民遊客在尖沙咀的步伐減慢起來，並可以悠閒的心態坐下來聊天，又靜心欣賞維港景色和街頭表演。[2]

美國社會學家威廉·懷特（William H. Whyte）早於 1980 年便提出公共空間在提供休憩（recreation）以外的社會功能：「公共空間的出現是人類在城市裏追求及塑造社交社會的一種實體表象，故此，它會以連接活動的通道、分享訊息的節點及共享文化活動的平台而存在。」（Public spaces as expression of human endeavor and artifacts of the social world are the physical and metaphysical heart of the cities, thus providing channels for movement, nodes of communication and common ground for cultural activities.）[3] 在公共空間進行的活動主要可以分為三類：第一，必要的活動，如購物、等車、等人、前往學校或工作的地點；第二，具選擇性的活動，如緩步走吸收新鮮空氣、隨處站立享受人生、坐在某處享受日光浴；第三，社交活動，如兒童集體玩耍、打招呼及閒聊、不同種類的社區活動，以及最廣泛的社交活動——被動的接觸，即人們僅僅互相對望和傾聽。差不多所有在公共空間進行的活動，都或多或少同時擁有以上多於一種的活動性質。[4] 將上述的活動種類放在尖沙咀海濱的話，第一、第二和第三種在公共空間的活動分別有這樣的特性：消費與交通流動、個人休憩及集體遊玩與康樂。本章將以海港城公共空間、尖沙咀海濱長廊、文化中心廣場、新世界中心及尖沙咀東部為個案，分析在私人或政府管理下的公共空間，其空間及活動如何被發展和管理。

尖沙咀海濱長廊至海港城的公共空間

1965 年 12 月 10 日，城市設計處（Town Planning Board）公佈一系列重新發展尖沙咀彌敦道以西地區的建議書，內容包括因應舊尖沙咀火車站搬遷至紅磡，以及英國軍部將威菲路兵房（Whitfield Barracks）歸還予港府。建議書預測整個尖沙咀地區的人口會由 1961 年的 87,900 人增至 1971 年的 101,000 人，當尖沙咀發展全面成熟時，人口將超過 270,000 人。建議書決定維持該區作為香港重要海路和鐵路運輸樞紐的位置，以及擁有商務中心、酒店、消費、娛樂、貨倉等功能。在 482 英畝的發展計劃中，當中差不多四成的面積會發展上述的用途。此外，位於第二代水警總部（今廣東道 1881 Heritage）的尖沙咀警署和尖沙咀消防局位置，則計劃改建為政府合署。舊尖沙咀火車站舊址亦改建為政府合署，並且興建郵政局。軍營俱樂部（NAAFI Club）舊址（今星光花園位置）則規劃為紅磡海底隧道的第二出口甬道（第一出口在新火車總站附近），並在連接的地方興建新公路連接梳士巴利道，以疏導未來海底隧道九龍出口至尖沙咀區的交通。而作為「公共開放空間」（public open spaces）則另佔 39.8 英畝。在這 39.8 英畝的土地中，威菲路兵房原址發展為將來的九龍公園更是

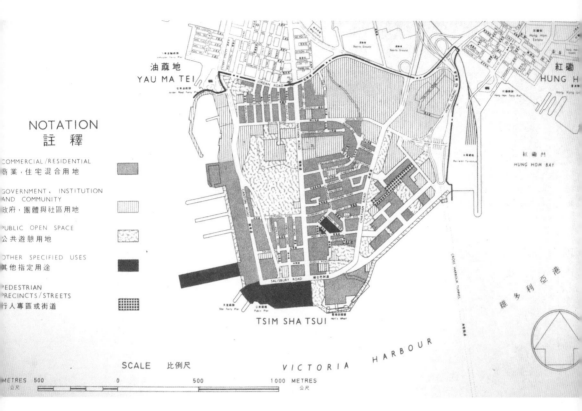

NOTATION
註 釋

COMMERCIAL/RESIDENTIAL
商業、住宅混合用地

GOVERNMENT, INSTITUTION
AND COMMUNITY
政府、團體與社區用地

PUBLIC OPEN SPACE
公共遊憩用地

OTHER SPECIFIED USES
其他指定用途

PEDESTRIAN
PRECINCTS/STREETS
行人專區或街道

SCALE　比例尺

METRES　500　　　　0　　　　500　　　1000 METRES
公尺　　　　　　　　　　　　　　　　　　公尺

油蔴地
YAU MA TEI

紅磡
HUNG H

紅磡村
HUNG HOM BAY

TSIM SHA TSUI

VICTORIA　HARBOUR
維多利亞港

1976 年 6 月城市設計處
繪畫的《尖沙咀分區制大
綱草圖》

重點之一。建議書亦特別提到這次《尖沙咀分區制大綱草
圖》(*Tsim Sha Tsui Outline Use Zoning Plan*) 的重要特色之一
就是「提供幾乎沒有間斷的海濱長廊 (continuous waterside
promenade)，從天星碼頭直至建議紅磡填海後的新火車
總站」。[5]

　　1970 年代中，當局落實興建文化中心後，便準確規
劃海濱長廊將由尖沙咀天星碼頭開始，途經文化中心，沿
海旁延伸至新的紅磡火車總站，全長 1.5 哩，行人道闊 50

呎。為此，1977 年 7 月，港府刊憲計劃在九龍公眾碼頭以東至藍煙囪貨倉碼頭用地填海一公頃，以興建文化中心對出的海濱長廊，部分會成為文化中心對出的公園用地。[6] 是項搬遷、重新發展尖沙咀海濱核心地段及填海發展面積達 56.4 英畝的尖沙咀東部的計劃，在 1970 年代中開始實行時，被譽為「本港歷史上最雄心勃勃的城市發展計劃建築工程」。[7]

《尖沙咀分區制大綱草圖》在 1970 至 1980 年代雖然有或多或少的更改修訂，但其規劃主要希望達到以下各個原則性目標，基本上維持不變：[8]

第一，使整區發展為綠化區或行人專用區的完善系統，當中貫穿交通設施和開放空間，並鼓勵私人發展商在可盈利的發展模式下提供公用設施；

第二，增加區內的人流車流的流轉度：（1）公共交通的現代化；（2）增加興建道路的速度；（3）擴展多層停車場大樓，並實行商業性行人專區以減少道路擠塞；（4）創造行人步行系統，使各種交通中轉站能連接行人專用區；

第三，保育和增加社區活動和服務的多元性：（1）保持和活化零售和娛樂服務，以及遊客和會議設施；（2）改善社區服務的不同種類和質素；（3）尋求種類豐富而平衡的康樂、文化和教育活動；

第四，保育、加強和改善區內市政環境：（1）保留具歷史或建築價值的地方及建築結構；（2）改善尖沙咀裏裏外外的景觀，使之與區內特別的氛圍相協調；（3）擴展區內林蔭大道、海濱長廊、廣場、公園和遊樂場的系統；（4）要求切實的行動去減少區內噪音滋擾、空氣污染和改善海港水質。

在香港政府進行城市規劃方面，「開放空間」（open space）可以包含「公共空間」（public space）的概念在內，而城市規劃委員會亦將 open space 的中文名稱翻譯為「休憩用地」。「休憩用地是指建築結構甚少而預留作靜態或動態康樂用途，以在地方或地區層面提供主要或次要康樂設施予公眾使用和享用的土地，包括公園及花園、運動場、散步長廊／廣場、涼亭、休憩處；行人專區和泳灘。」休憩用地具有讓公眾免費使用的性質，屬於法定的公共空間。[9] 1974 年，工務司署在《尖沙咀分區制大綱草圖》的計劃報告中如此解釋「開放空間」在尖沙咀的作用：「提供清新的空氣和陽光，作為行人步行徑，提供休閒和康樂活動，以及改善視覺上適意的享受，並且為地區提供優雅和美感的氛圍。」在此，計劃報告提出兩個例子：九龍公園和尖沙咀海濱。當中海濱提出這樣的規劃：「提供連綿不斷的公眾海濱長廊連接東面的國際郵件中心至西面九龍倉北塘防波堤（North Camber Breakwater）為止。」當中又以後者為發展九龍倉用地的先決條件。此外，報告認為「開放空間」所佔面積的標準，應為每 10 萬市民應享有 12.5 至 15 英畝的「開放空間」。[10] 1984 年，地政署城市設計部在規劃《尖沙咀分區制大綱草圖》時對「開放空間」提出了多個例子，[11] 見表 3.1。

在表 3.1 的例子中，開放空間可以等於公共空間，但在不少例子中，開放空間並不等於公共空間，因其本身已有特定的用途、使用者和管理者，非市民大眾可以隨時隨地選擇使用用途的空間。

表 3.1 《尖沙咀分區制大綱草圖》有關「開放空間」的例子　　　　83

經常准許的用途	

例子：
- 附設性海灘用途
- 鳥類飼養所
- 公園及花園
- 遊樂場／運動場
- 小食亭

- 附設停車場
- 更衣室
- 樹苗培植場
- 公廁
- 動物園

向城市設計委員會申請後，可能獲准而附帶或不附帶條件的用途	

例子：
- 燒烤場
- 展覽或會議廳
- 政府垃圾收集站
- 小販中心
- 市場
- 公眾娛樂場所
- 體育或文娛場所
- 公共游泳池
- 公用事業裝置
- 餐廳或酒樓
- 私人發展計劃的公用設施裝置

- 熟食中心
- 快餐店
- 政府用途（未另有列明者）
- 地下鐵路通風塔及入口處以外的建築物
- 碼頭
- 康樂
- 公眾停車場
- 公共交通總站
- 宗教機構
- 配水庫

　　在今天的廣義來説，尖沙咀海濱長廊是由海港城對開公共空間開始，經尖沙咀天星碼頭、九龍公眾碼頭、文化中心及藝術館對開海旁，再經過星光大道，直至位於尖沙咀東部對開海旁位置的尖沙咀海濱花園。然而，尖沙咀海濱花園由於位於尖東，加上由康樂及文化事務署管理，現實中主要是本地市民康樂及運動的休憩地點，嚴格來説不屬於上述同時具有三種活動性質、供本地市民和遊客共同使用、享受及進行競爭的公共開放空間。[12]

　　今天尖沙咀海濱長廊的特點，猶如在這裏工作了十多年的街頭攝影師 Roy 所説：夜晚人流較日間多，新年、黃金周及在海濱有大型活動的時候，人流也較平日多。對遊客來説，在星光大道出現前，尖沙咀海濱長廊不及現時有名。星光大道的地位等於山頂，可以吸引大量遊客前來遊覽，尋找香港著名影星的手印及李小龍的銅像，這對於在尖沙咀海濱謀生的街頭攝影生意有很大幫助。[13]

1990 年代前，尖沙咀海濱的天星碼頭、文化中心對出海旁等都是屬於本地香港年輕人流連忘返的公共空間。據自 13 歲起在尖沙咀海濱和尖東長期流連和工作的王先生回憶，他以往雖然住在新蒲崗，但很喜歡和同學坐在尖沙咀海濱的碼頭或文化中心的長樓梯聊天，度過多個晚上。由於以往通訊科技沒有現在發達，自然沒有手機，而剛剛推出的傳呼機亦不是家境不富裕的學生所能擁有，臨時約朋友一起到外面活動較為困難。因此，王先生一般都是以「埋周」方式相約朋友，即是每星期於同樣時間、同一地點等待朋友一起外出同行。尖沙咀天星碼頭和文化中心就是熱門「埋周」的地方。[14] 王先生的少年回憶集中在尖沙咀海濱這一公共空間並非特例，Watson 的研究指出，當代成年人尤其是在 20 世紀末前出生的人，他們的童年主流論述都是強調在街道自由地遊逛而沒有任何的限制，以及與朋友在隱蔽的公共空間地方玩耍等。換言之，童年被定義為「天真單純」（innocence）的時光。[15] 要有這樣性質的童年時光，必須存在缺乏緊密公權力或私人物業管理的公共空間在。

或許當時主流社會認為年輕人晚上在尖沙咀海濱無所事事閒聊，甚至進行違反成年人規管的不當活動（如喝酒、吸煙、打鬥等），但正如 Valentine 對公共空間與青少年文化關係的分析，這些公共空間是兒童和青少年脫離成年人規訓的可能空間，由此建立真正屬於他們的身份認同及存在感。Valentine 進一步提出英國的例子，指出為了進一步更

今天的尖沙咀海濱長廊

新或美化城市的公共空間,這些原來屬於年輕人的公共空間被私有化,如變成購物中心或特色市集等。[16] 2004 年開始,部分海濱長廊成為新世界集團中心捐助 4,000 萬興建及設計的星光大道,當中有美式連鎖咖啡店等消費設施,而維港兩岸更新設了「幻彩詠香江」激光音樂匯演 [17],這都令尖沙咀海濱變得旅遊化、盛事化,上述專屬於年輕人活動公共空間的情況已難復見。

尖沙咀海濱的旅遊化並不只限於尖沙咀海濱長廊,尖沙咀天星碼頭附近的公共空間也是如此。2018 年 8 月,油尖旺區議會決定撤銷位於西洋菜南街的旺角行人專用區,原因是該區長年有表演人士被認為製造噪音,使到不少本來在行人專用區演唱為生或為樂的人士轉移到尖沙咀天星碼頭附近的公共空間繼續表演。不少在上述專用區演唱懷舊金曲的人士都是來自內地的中年婦女,所以被稱為「大媽」。雖然尖沙咀海濱向來都有演唱人士作街頭表演,但多屬進行 busking 自彈自唱的本地年輕人,與「大媽」以高分貝音量播放歌曲演唱,並載歌載舞的表演風格截然不同。不少位於海濱的商舖投訴這些來自旺角行人專用區的表演者製造太多嘈音,需要警員協助要求她們暫停表演。由於天星碼頭有蓋空間有限,所以這些新來者與舊有在天星碼頭海旁演唱者就演唱位置方面時有爭執。有部分來自旺角行人專用區的表演者認為應該控制聲量,否則尖沙咀海濱與「菜街」便沒有任何分別。然而,上述意見並未為大部分來自旺角的表演者所認同和遵守,因此引起原本在尖沙咀海濱表演的外籍和本地音樂愛好者的不滿,認為這些大媽歌舞團破壞了原本行之有效表演者在相同地點輪流表演的默契,更甚者是她們的噪音引起商舖的投訴,以致殃及池魚，原來在海濱演唱的表演者亦多次在同一日被警員查問勸喻停止演唱。[18] 這實際影響了他們在公共空間進行非牟利演唱的權利。

　　雖然演唱懷舊歌曲的表演者不一定全是來自低下階層的內地婦女，有一些參與者是中產階級的本地女性，但大媽歌舞團被標籤為「外來者」，其演唱風格的「懷舊」（nostalgia）可能是原因之一。「懷舊」在 17 世紀的歐洲被視為長期離開家鄉者的心理病，他們備受憂鬱、失眠等症狀影響。直至 19 世紀，「懷舊」脫離其原來心理病術語的範疇，開始成為指稱普通人懷念過去情感的學術和大眾用語。雖然「懷舊」一詞應用的範疇有所改變，但其特質仍然強調「疏離」，外來者在現代化的社會中深深感受他們過去時間地點的記憶和今天身處時地有很大的距離。[19] 換言之，「懷舊」源於「對過去的強烈欲求，以及渴望返回自己個人歷史中身處的特定和主要的地點。」[20] 換言之，「懷舊」不一定具有正面的意思，尤其是當「懷舊」的行為脫離於其進行地點的文化歷史背景。因此，有一些學生團體在尖沙咀天星碼頭及文化中心廣場發起「驅趕大媽」的行動，行動者向演唱懷舊金曲、懷疑屬大媽歌舞團的表演者展示「請勿行乞」的海報，企圖將這些表演者驅離進行演唱的公共空間。[21] 然而，不論是大媽歌舞團還是進行 busking 的本地年輕人，在一定程度上都是香港主流社會上的邊緣者，其鼓吹的價值，不論「懷舊」還是即興表演，都不為公共空間管理者所歡迎。即使如此，正如 Mitchell 所言，「公共空間」正是「作為表演的空間」（spaces for representation），通過宣稱擁有公共空間，不同的社會群體才能為公眾所注意。否則，這些社會邊緣者在社會中繼續被當作透明，無法證明自己是這個社會的成員之一。Mitchell 認為公共空間的存在是民主政治的必要條件之一。[22]

　　關於街頭表演者對公共空間的分配爭議並不只限於香港，在英國倫敦特拉法加廣場（Trafalgar Square）的國家美術館兩任館長便曾批評廣場的街頭表演者阻塞道路，令市民遊客對前往美術館參觀卻步。[23] 街頭表演者項目（The Busking Project）創辦人 Nick Broad 引用懷特的理論，指出街頭表演者的出現顯示人們有能力去改變人們怎樣對空間（space）作出反應和理解。街頭表演令上下班的交通經驗變成休憩娛樂的經驗，將一班陌生的行人聚集一起並互相交流。他引用紐約的例子，隨着紐約警方以罰款、滋擾和非官方的配額制度去限制街頭表演者，使他們被迫離開紐約，使紐約失去自由的良好特質。[24] 公共空間最低的標準應該是所有人對該空間都有「合法的使用權」。[25] 當然，這種使用權是否能公平地分配，需要原來使用者和外來者不斷進行社會談判和角力，而這正是公共空間的其中一個特色。[26]

尖沙咀海濱的文化符號

　　尖沙咀海濱作為公共空間，除了成為社交和身份認同的角力場外，亦成為文化和社會想像其中一個重要的投射點。1980 至 1990 年代，香港不少電影和音樂短片都在尖沙咀至尖東的海濱取景。這些影像塑造了香港人對尖沙咀海濱這一公共空間的想像。例如 1983 年放映的電影《奇謀妙計五福星》有洪金寶飾演的茶壺穿着水手服與鍾楚紅飾演的妹頭在尖沙咀海旁漫步，並倚靠着倒三角形石壆閒談，可見談情説愛是香港一代人在尖沙咀海濱其中一個集體經驗。1984 年張堅庭執導的《城市之光》則描寫由惠英紅飾演的阿銀，從內地帶着兩個女兒投靠在港的丈夫，一方面被香港這顆東方之珠所吸引，但另一方面則發覺丈夫生活環境的困難，兩夫妻經常以不同的方式帶兩個女兒閒逛尖沙咀海濱，嘗試在物質掛帥的香港都市尋找免費享樂的方法，使海濱成為一處有溫情的地方。1989 年上映的《我在黑社會的日子》則可看到尖沙咀海濱不再是愛情和親情的溫床，而是黑社會分子向途人撩事鬥非之處。[27] 1995 年上映的電影《老泥妹》以一班在文化中心流連不歸家的少女為主題，她們最終的下場悲慘（被強姦、被殺、自殺），強調了尖沙咀海濱這個缺乏成年人監管的公共空間對年輕人的危險性。這些影片都從側面反映香港已由移民和工業社會過渡至現代的中產社會，尖沙咀海濱開始出現一些挑戰中產社會的主流價值 —— 秩序、道德等的活動。

　　1990 年代，許多音樂短片在尖沙咀海濱取景，純潔、溫情、愛情的情懷尚未退場，如 1989 年香港樂隊 Beyond 主唱的《午夜怨曲》便以年輕人成長遇上挫折為主題，短片內出現香港年輕人經常等待朋友的地標 —— 天星碼頭對出的「五支旗杆」，他們手寫紅底白字「Beyond 永遠等待」的橫額作結，令人對尖沙咀海濱這地方產生共鳴。[28] 1992 年黎明和李嘉欣版本的《我的親愛》音樂短片中，中藝尚未搬離星光行，黎明和李嘉欣吃着雪糕談情説愛。黎明敲着有人使用的電話亭玻璃，望着在天星碼頭對開欄杆托着頭的途人，希望他們讓出空間讓他和李嘉欣使用。雖然行為不免有些誇張，但正正寫實地表現 1990 年代香港年輕人在尖沙咀天星碼頭公共空間的經歷。

　　1999 年，香港著名寫實主義導演陳果執導的《細路祥》則以一名本地低下階層的六歲小童細路祥的視角出發，勾畫 1997 年香港回歸中國前的歷史脈絡。細路祥與來自中國內地的同齡女童阿芬有一天踏着單車到達尖沙咀海濱，興奮地爭論對岸的中銀大廈和中環廣場哪一座建築物最高。他們更好像《奇謀妙計五福星》中茶壺和妹頭般倚着石壆攀談，撇除年少無知的男女情愫外，他們看到對岸的灣仔會議展覽中心，想到即將舉行的主權移交儀式，再爭論香港回歸後「屬於我們」是指哪一個「我們」（本地出生的細路祥還是來自內地的阿芬）。雖然阿芬因沒有證件被迫在 1997 年回歸前離開香港，無法與細路祥一起見證回歸倒數的歷史時刻，但這反映了尖沙咀海濱在電影中成為對香港政治前途未來的想像點。

　　近年仍有不少外國歌手或樂隊在尖沙咀拍攝音樂短片，當中尖沙咀海濱及不同的建築物都會出現在音樂短片內。2009 年，英國著名唱片騎師 Alan Walker 在香港不同地方取景拍攝 *Sing Me to Sleep* 的音樂短片，短片便以山頂遠眺尖沙咀海濱的景色為開始。2015 年，韓國女子音樂創作組合 DIA 在港取景拍攝 *Somewhat* 音樂短片，當中便出現尚未關閉的星光大道，她們開心地模仿李小龍銅像的功夫手勢，並且向經過的鴨靈號（*DukLing*）揮手。[29] 2017 年，韓國音樂組合 GOT7 在 *You Are* 音樂短片中手持三角形的頸鏈，正好配合短片內文化中心的三角形拱形結構特色。韓國音樂組合 Seventeen 演唱的 *Check-In* 亦以尖沙咀海濱的維港景色及文化中心為取景的地點。維港景色尤其是站在香港藝術館對開海濱望向灣仔會展覽中心的場景不只常在韓國音樂短片內出現，泰國樂團 Room 39 演唱的 เป็นทุกอย่าง

（Everything）亦在這裏取景。[30] 2018 年，日本藝人上坂堇
推出的新歌ノーフューチャーバカンス（《沒有未來的假
期》），雖然也有在尖沙咀取景，但只限於北京道望向海港
城的街景，可說是較為單調。

　　海港城近天星碼頭的露天廣場以往只在聖誕節等大節
日才有大型裝飾及活動吸引市民和遊客，但近幾年則差不
多每逢星期六日都會舉行商場活動，大幅增加該地段的人
流。[31] 雖然海港城露天廣場屬於公共空間，但由海港城負
責管理，所以海港城有誘因通過一系列在露天廣場至海濱
舉行的活動去吸引人流，以增加海港城商場的客流量。這
些活動主要有三類：第一，復活節和聖誕節等西方節日；
第二，特色古帆船和輪船停泊海運大廈碼頭供市民遊客
參觀，如 2006 年訪問香港的瑞典仿古木帆船「哥德堡號」
（Götheborg III）、2007 年的進行舊書義賣、全球最古老仍
然航行郵輪「忠僕號」（Doulos），以及 2013 年世界最古老
仍然航行的帆船「謝多夫號」（Sedov）等；第三，露天廣場
及海上的裝置藝術，如 2015 年舉行 "Where's Wally?" 的展
覽、2016 年的藍精靈、2017 年全球首本以 Marvel 漫畫為
主題的巨型立體書、日本當代藝術家大卷伸嗣的首個香港
個人藝術展 "Bubble Up" 等。這些活動及展覽大多在夏天
舉行，以吸引放暑假的年輕人到訪拍照留念，以達至增加
海港城人流的目標。[32] 當中又以 2013 年 5 月至 6 月停泊在
海港城露天廣場對開海面的巨型橡皮鴨（Rubber Duck），
以及在露天廣場裝置 24 隻大小不一的「鴨 BB」和「3D 錯視
畫」水池最成功。巨型充氣黃色橡皮鴨由荷蘭藝術家霍夫
曼（Florentijn Hofman）設計，在香港展出前已到訪世界多個
地方，在海港城停泊後成為香港首個海上公共藝術展品。

橡皮鴨不只受到商場、市民和遊客的歡迎，社會各界亦認為橡皮鴨作為兒時玩具的代表之一，可為香港人帶來「正能量」，代表「香港精神」。不過，一些香港人一直認為內地自由行旅客是導致香港市面公德問題惡化的原因之一，就在橡皮鴨展出期間，不少參觀者不理會露天廣場「不准攀爬黃色鴨BB」的告示，結果海港城清潔工人需要特別花功夫清洗展品，於是有人通過網絡諷刺人們缺乏公德心，以展覽尚未開放時海港城管理人員將「鴨BB」以鐵欄圍住的照片，謠傳為參觀者缺乏公德心的行為導致海港城以鐵欄圍封展覽品，然而最後證實並無其事。除了公德心的反思外，橡皮鴨被譽為「黃色風暴」，並成功吸引超過700萬人次參觀，這次展覽顯示了由私人管理公共空間進行裝置藝術活動，較政府主辦的更成功。海港城亦因此活動獲得2013年度 ICSC 亞太購物中心大獎的「傳統市場推廣公關」金獎和「新媒體社交新媒體」金獎。[33]

文化中心廣場：公共空間的經營

根據 Carmona 在 2008 年關於英國公共空間管理的實地研究顯示，在 150 位每天使用公共空間的受訪者中，超過一半的受訪者認為公共空間的管理是本地市政單位的單獨責任，只有不足三成的受訪者同意公共空間的管理是每一位個人、商舖和其他非政府組織的共同公民責任。此外，大部分受訪者不清楚誰人可就公共空間的使用作出決策，但他們知道有需要時可以就空間使用的問題作出投訴。[34] 在香港，公共空間的管理主要由康樂及文化事務署和食物環境衛生署所負責。文化中心廣場主要由前者負責，個體街頭檔販、街頭表演者與非政府組織都是文化中心這片公共空間的主要持份者。

　　文化中心對開臨海的公共空間由文化中心管理，在這裏工作十多年的街頭攝影師 Roy 指出，每到傍晚 5、6 時，所有有牌照無牌照的街頭攝影師和攤檔都出來做生意，獲批牌照的有一個較好的位置做生意，而文化中心管轄範圍外則容納了為數不少無牌照演唱和小販擺賣的攤位。以街頭攝影檔位來說，一個晚上便需要面對四至五間無牌照的街頭攝影攤檔的競爭。[35]

　　在一些周六周日，政府、區議會和旅遊發展局等機構會租下文化中心長樓梯面向維港海濱的公共空間，舉行中型音樂會等街頭表演。即使沒有上述公帑資助的活動，香港的年輕人亦喜歡在此進行街頭表演。與旺角西洋菜南街、尖沙咀天星碼頭與海港城對出的公共空間比較，文化中心對出的海濱位置相對而言較為舒適。街頭表演 busking 的年青組合 FFeverie 認為：第一，文化中心前的地方空間較大，通風較好，可以容許表演者盡情高聲表演；第二，觀眾較為多元化，既有男女老幼、本地市民，又有外國遊客，街頭表演者能夠接觸不同觀眾而「衝出國際」。而海港城海濱位置及旺角行人專用區，經常有很多人拖着行李四處消費，其氛圍與為樂不為牟利的街頭演唱格格不入；第三，以往這空間多設有攤檔、畫畫及攝影單位，但由於「星光大道」在 2015 年至 2018 年封閉進行更新工程，不少街頭攤檔搬離這公共空間，意外地令這裏更適合舉行街頭busking，但隨着 busking 發燒友數量增加，開始出現「鬥大聲」的情況。因此，如果表演者希望在正式表演前進行綵排，便需要提早至早上 7 時到達，才能較安靜地綵排。FFeverie 認為文化中心臨海空間不應太擠迫，加上海港景色和特式攤檔的配合，可以成為十分理想的街頭表演場地。[36]

文化中心廣場的管理員湯先生表示，康文署在管理文化中心廣場的公共空間方面十分嚴格。他們歡迎喜歡busking 的年輕人在廣場唱歌，但每晚 8 時便要暫停，以讓市民遊客細心欣賞維港兩岸的「幻彩詠香江」匯演。此外，表演者不能太大聲唱歌，而且不能收取報酬，以免變成商業活動，令尖沙咀海濱「變成旺角」。湯先生認為在尖沙咀海濱進行 busking 的表演者的唱歌水平十分高，因此他很擔心旺角行人專用區結束後，那些十分商業化的歌唱者會湧至尖沙咀海濱，「一路唱一路要錢，這便會破壞我們的文化氣息了。」[37]

文化中心廣場除了能吸引遊客前來遊覽外，對本地尤其是上班人士也有吸引力，因他們可在此放鬆身心。在海港城樓上辦公室工作的玩具製造商關先生分享：「我很喜歡黃昏時看遊客在這裏看日落，因為我喜歡看到他們欣賞香港的夜景，一來可以看到海景的地方不是太多，第二是沒有地方好像香港這樣有那麼燦爛的燈光。」而文化中心廣場一些唱歌和打鼓等街頭表演在香港其他地方亦是較為少有，亦配合尖沙咀海濱讓人放鬆心情的環境氛圍。[38]

至於文化中心藝墟則在每逢星期六、日舉行，由不同的非政府機構如 YMCA 主辦，吸納多元化的文創攤檔做生意。由於每一個攤檔售賣的產品都不一樣，所以彼此之間沒有激烈的競爭，形成恬靜的活動及生意環境，更適合尖沙咀海濱服務外國遊客的高品味要求。[39] 藝墟攤檔的顧客都是以外國遊客為主,本地顧客較少,生意之多寡頗受天氣和人流的影響。雖然如此,文化中心藝墟六十多個攤檔仍有其生存的空間:第一,與康文署合辦,租金較平宜;第二,藝墟攤檔都以本地手工製品為主,不能在外面的店舖找到,是吸引遊客的特色之一;第三,藝墟成為本地一日遊或區議員帶街坊遊香港的景點之一;第四,太空館和文化中心也是藝墟吸引顧客來臨的元素之一,香港藝術館在2019年底完成更新工程重開,則可進一步帶動前往藝墟遊覽的人流。[40]

雖然香港不同地方如石硤尾不時會舉辦戶外市集,但文化中心藝墟 Straw & Aluminium Can Arts Creation 檔主何太認為,文化中心藝墟較為公開,並且定期舉行,不同一般市集以年輕人擺檔為主,他們的顧客一般都是相熟的同學,而這裏則是接觸四方八面的陌生顧客。此外,文化中心露天廣場亦不時有由保良局、旅遊發展局主辦的公開活動,加上年輕人或外國人的街頭表演,均有效帶動整個藝墟的熱鬧氣氛。然而,藝墟亦曾經面對人流不多、特色減少的危機,康文署曾計劃將之結束,導致在2013年曾經有藝墟檔主揚言自殺以爭取不要隨便結束藝墟影響業者生計。最終藝墟由保良局等非政府機構承辦,有較良好的發展。然而,不論政府還是非政府機構承辦,藝墟都要面對一些管理問題:怎樣選擇本地真正具有創意的手作檔攤進駐藝墟?雖然入標擺檔的人士需要親身向主辦者製作手工製品進行甄選,但他們成功取得攤檔經營權後難免會以內地生產的工廠貨充手工貨出售,這對維持藝墟出售手工製品的原創性帶來不少挑戰。[41]

　　康文署在 2001 年開始在文化中心主辦藝墟，設立攝影、繪畫、人像素描、剪紙、木偶、臉譜等手工藝品攤檔及歌唱跳舞表演，共有十多檔參與，成為全港唯一一個讓全職藝術工作者擺檔容身的地方。當時有輿論認為藝墟最好是表演多於做生意，否則予人「藝術家小販化」的不良觀感，使藝墟變相成為「另類小販區」。[42] 至 2013 年，在藝墟擺檔的攤檔增至 36 個，康文署突然決定以「進一步推廣藝術」為由結束營運藝墟，並邀請富經驗的非牟利機構合作統籌創意市集，名為「伙伴創意市集＠文化中心」，不與多年在藝墟擺檔持「A 牌」的畫家、「B 牌」的手工藝檔主續約，而只與持「P 牌」的攝影攤檔續約，結果引起「A 牌」和「B 牌」檔主的激烈抗爭，部份檔主拉起印有「保護本土藝術」的橫額抗議。實際上，藝墟除了宣傳本地手工藝術外，更多是為基層藝術勞動者提供租金低廉的維生空間，例如在藝墟擺檔的葉柏河為遊人畫肖像畫，月賺 8,000 港元，以維持一家五口的生計，他明言：「我不知道政府有多宏大的理想，想如何振興文化藝術，我只知現時香港的基層畫家，想找一個賣畫維生的地方都沒有。」[43]

　　香港中文大學文化及宗教研究系專業顧問何慶基認為，在文化中心舉辦藝墟應該強調這一公共空間的社會功能，不應因為它鄰近藝術博物館而貶低藝墟攤檔的本地手工藝術價值，因為這是讓不同社群表達自己創意的良好平台。對於不少在藝墟擺檔的人士來說，每一年能否獲得康文署批准擺檔存在很多不確定性，當中的評審準則並不能為他們所了解。而康文署強調可以在藝墟擺檔的「藝牌」並非發牌制度。每年夏天檔主需要結束藝墟的生意，在一個月的申請期再次申請擺檔的「藝牌」。[44] 換言之，「藝牌」有別於 2009 至 2010

年前食物環境衛生署簽發的固定攤位小販牌照，它沒有繼承和轉讓的權利，而且亦不如固定攤位小販牌照中擦鞋、工匠和理髮等街頭技藝，或多或少獲得官方的正式承認。因此，「藝牌」只是給予這些藝墟攤檔在文化中心廣場擺檔的權利，並沒有給予這些本地手工藝術足夠的承認。

新世界中心：閒暇與盛事之域

　　新世界集團向太古集團購入藍煙囪貨倉碼頭用地重新發展，港府與之商討希望能夠興建較先進和美觀的建築物；此外，曾有計劃把半島酒店新址遷至該用地。新世界中心在1974年開始興建，1978年完工。新世界中心是當時尖沙咀最先進的綜合型商場，集酒店、住宅、商廈和娛樂設施於一身，既包括一座 1,000 個單位的高級住宅大廈、面積 26 萬平方呎的辦公大樓，以及 60 萬平方呎、有 300 多個商舖的商場。商場內設有多間酒樓食肆，並有面積 11 萬平方呎的「海城酒樓夜總會」及地庫面積 17,000 平方呎的「酒吧城」。時任新世界集團主席的鄭裕彤指出新世界中心毗鄰維多利亞港，將成為香港市民的好去處，所以會在臨海地方興建行人天橋，作為市民、白領人士和遊客休憩的地方。[45] 1979 年開業的海城酒樓夜總會，被譽為當時世界最大的酒樓，由何添、鄭裕彤、胡漢輝、鄧肇堅和馮景禧等投資或管理。海城共有三層，可筵開 500 席，有四大禮堂、兩個夜總會、西餐廳、咖啡座和酒店等。海城曾有多名著名歌星藝人進駐表演，如葉麗儀、羅文、徐小鳳、葉振棠、鄭少秋、沈殿霞、關菊英、陳欣健、陳百強、黎明、劉文正和「寶島歌王」青山等，被譽為演唱勝地「小紅館」。[46]

　　臨海的位置令新世界中心成為理想的休閒地方，因此尖東除了成為商業中心外，亦積極舉辦文娛康樂活動。鑑於淺水灣、索罟灣及其他地區因不同原因並不適合舉辦「國際龍舟邀請賽」，所以香港旅遊協會向政府爭取在新世界中心至紅磡海底隧道之間對開的海面舉辦比賽，最終成功爭取在 1978 年 6 月 11 日舉行龍舟賽事，共有六隊參賽，三隊來自香港，其餘三隊來自日本長崎、新加坡和馬來西亞，並同場為公益金籌款，受到無綫電視協助向日本 25 間電視台提供衛星直播。[47] 1982 年，尖沙咀街坊福利會曾建議政府在新世界中心和尖沙咀中心附近海面興建及營運畫舫式水上酒樓，讓遊客可以欣賞維港美景，並使尖沙咀區增加美麗的景點，但海事處以安全為理由，不批准在港口區域興建任何畫舫，因此未能成事。[48]

同年，日資東急百貨公司在新世界中心開業，特別由日本運來 16 米乘 11 米巨型彩色印刷廣告牌懸掛在該中心外牆，成為香港創舉。這成為新世界中心的傳統之一，當時政府推行「清潔香港運動」，亦由東急百貨公司在日本製造大型的「亂拋垃圾，人見人憎」標語和一雙「監視」眼睛的宣傳海報，新世界集團免費借出該中心外牆以懸掛海報。[49] 1983 年 9 月，新世界集團投資 700 萬港元興建的「新世界廣場」在新世界中心開幕。廣場面積達 10,000 平方呎，設置廣播系統、燈光設備和活動舞台，成為公開藝術表演、展覽等活動的場地。其星期一至五和周日的出租費用為每天 10,000 港元，而公眾假期的費用則為 15,000 港元。[50] 1987 年，香港著名音樂組合達明一派推出《美麗新世界》一曲，當中不少歌詞正是指稱新世界中心：「此刻東急的海邊呼呼風聲已漸大，又再亂跳踏進是這美好的新世界，望向盡處又發現

新世界中心原址興建的 Victoria Side，與維港對岸的國際金融中心二期遙遙相對（2019 年 2 月攝）

每樣裝飾也熟面，路每段也踏遍亂碰地庫內在流連。」當時新世界中心的地庫有不少專門售賣英國和日本潮流品牌的產品，成為明星和年輕人的朝聖之地。

未來尖沙咀海濱的發展方向自然是以維港這天然景點為背景的海濱長廊，即使需要花費不少公帑進行綠化工程，使之成為旅遊區亦十分值得。[51] 相反，如果在尖沙咀海旁興建阻擋維港景觀的高樓大廈如拆卸新世界中心後重建的 Victoria Dockside，則減少了在尖沙咀海濱或 1881

Heritage 位置遠眺港島風景的開闊景觀。[52] 新世界中心拆卸重建和星光大道封閉重建便曾引起維港海濱關注組和尖碼之聲的聯合反對。[53]

政府在 2015 年向城規會申請將由梳士巴利道花園開始，經星光大道至紅磡火車站對開尖東海濱花園面積共超過 40 萬平方呎的海旁進行活化。城規會就活化方案收到 337 份意見書，絕大部分都反對方案，包括位於尖東海濱的尖沙咀中心、帝國中心、九龍香格里拉酒店等持份者，意見認為五米高的觀景台和高近 13 米的香港電影發展歷史館會有損維港景觀，亦有違公共空間原則。然而最終方案仍然獲得通過。活化後的尖沙咀海旁包括 90,000 平方呎的餐飲區和商店等樓面面積，交由康文署及新世界發展人員擔任董事的非牟利公司共同管理及營運 20 年。對於坊間批評這活化項目沒有公開招標，政府強調新世界發展過去十年管理星光大道的成績良好，加上這次全資負責活化項目，所以有這樣的公私合營安排。[54]

私有化公共空間存在什麼問題？美國波士頓關心鄰舍居住空間的建築師 Shirley Kressel 指出，公共空間之所以為公共空間，在於所有人在該空間都是平等及有屬於自己家的感受。通過在公共空間舉行的集體和共同活動，我們才可以將所有參與者成為社會的一分子。至於把公共空間私有化，就是賦予大型發展商權力去掃除該空間內不受歡迎的分子、露宿者和非消費者，而將已經變為私人投資和特權的地方去吸引高收入的上層郊區居民、城市精英和遊客。Kressel 再由此引申公共空間和民主的關係：「當我們沒有一處聚會的地方是不必消費的，民主便不能生存下來。」[55] Michell 提出「偽私有空間」(pseudo-private spaces)的概念去分析私有化的公共空間。這「偽私有空間」的擁有權應屬於政府和公眾,但卻由私人公司管理和規管。增加這空間的社交和展覽活動只是重新發展的方法而非最主要目的,最主要目的是為這空間「增值」,即經濟活動的升值。[56] 或許星光大道已經過時,又或者尖東海濱人流不足而需要活化,但當活化後的海濱長廊有過多的商業化活動時,將會大幅減少海濱的公共性,使它成為沒有消費則不能輕易踏足的禁區。

星光大道在 2015 年開始關閉並進行擴建工程。星光大道的前身是舊尖沙咀火車站路軌部分路段,在 1982 年建為尖沙咀海濱長廊,在經歷三十多年的運作,其浸在海水裏的部件侵蝕嚴重,實有重建的需要。[57] 由於星光大道關閉,遊客須前往天星碼頭進行拍照留影的活動。[58] 星光大道的關閉使 Victoria Dockside 對開的尖沙咀海濱失去聚集遊客的效果,但吸引遊客拍照的明星手印在 2015 年起至今移往尖沙咀東海濱平台公園,改名為「星光花園」。在星光花園開設士多店的阮小姐認為這是一個良好的改變,因為以前的明星手印設於地上,遊客踩上去顯得不太尊重,而且拍照留念也存在困難。手印遷移至星光花園後,改為垂直安放,既沒有上述不尊重的問題,也方便遊客與手印合照留念。更重要的是,星光花園定期舉行電影相關的展覽,引起遊客的興趣,這對香港和香港電影歷史的公眾教育都有正面的影響。因此,阮小姐認為星光大道重開後,這些明星手印是否需要搬回去仍有可議之處,因為尖沙咀東海濱平台公園成為星光花園前也是歌唱表演及攝影的熱門地方,所以如果政府當局可以有妥善的規劃,一方面使該處成為介

1970 年代中的尖沙咀海
濱及尖沙咀東部,可見
右面的藍煙囪貨倉碼頭已
拆卸,準備興建新世界中
心,而遠方的尖沙咀東部
和紅磡新填海地,仍是未
有任何發展的地盤。(蔡
思行藏)

星光大道關閉期間，原設於星光大道的明星手印移師至星光花園擺放，並配合香港著名電影海報設計師阮大勇繪畫的香港明星長型海報，成為中外遊客拍照的熱點。（2017 年 10 月攝）

星光大道在 2019 年 1 月底重開後，星光花園除名，唯明星手印仍安放原處，以免再演以往遊客在狹窄星光大道與手印拍照的混亂場面出現。（2019 年 2 月攝）

紹香港電影發展的地方，另一方面好像西九龍海濱長廊般提供本地家庭休憩的地方，將是良好的發展方向。[59]

2019 年 1 月，更新工程完成後的「星光大道」重開，新的明星手印被設於海旁金屬欄杆，再沒有出現以往遊客爭相蹲下與地上手印拍照留念的混亂情況。而「星光花園」已回復「尖沙咀東海濱平台花園」的名稱，但它在假期期間門可羅雀，前往該處參觀明星手印和拍照的遊客甚少。私人公司負責管理的「星光大道」與政府管理的前「星光花園」猶如兩個不同的世界，如何有機地結合兩個管理機構、但同樣以香港電影為主題的公共空間，實在是值得探討的新課題。

尖沙咀東部：「金腰帶」與「綠腰帶」

對於主力由私人發展商投資興建帶動、可建面積達 500 萬平方呎的尖沙咀東部發展計劃，市政署頗有意見，先後在 1970 年 12 月和 1971 年 5 月向負責該區域發展規劃的首席規劃主任致函，指出尖東發展計劃中不理想的地方。首先，市政署認為尚未發展的尖東應該給予其具創意規劃的最大可能性，但據尖東發展計劃草圖所見，只是由橫排直間道路貫穿的不同大小面積的正方形發展用地，只有少數被劃為開放空間，以及在用地的邊緣位置設有休憩空間。雖然規劃中設有行人廣場，但就整個規劃來說，只能說是私人發展商設計師的水平所接受的「實用性」：即只是提供修長直通但毫無特色的行人路，保障行人不會被車撞倒。這浪費了讓尖東規劃得如中環和其他旅遊區般富有特色的機會。市政署進一步批評這種僵化的設計：第一，不應只消極地注重行人和車輛在尖東不會爭逐活動空間，相反應該一開始將車流的重要性從屬於人流，即讓車輛改為在地下行駛，使尖東有更多的空間成為行人專區；第二，與其擔憂未來流動小販會從漆咸道以北流竄至尖東新發展區地面營業，不如預先規劃設立如新加坡的跳蚤市場，或撥出停車場或商場的地下層數讓他們進駐並轉型；第三，應該將《尖沙咀東規劃草圖》中連接漆咸道南的 Road A（今加連威老道）完全去除，只保留 Road C（今麼地道）作為進入尖東中心區的道路便可。市政署認為，以漆咸道南貼近尖東地段那麼短的距離，實際無須上述兩條道路以作連接，加上興建 Road A 需要斬除不少古老的大樹，而且將兩處原本可以規劃在一起的開放空間，分割成猶如「迷你的長三角」（miniature Yangtze Delta），情況並不理想。[60] 1974 年8 月，市政署致函城市設計委員會，再次表示全力支持實行行人專用區的基本原則，但批評《尖沙咀東規劃草圖》中行人廣場置於商業和住宅區的中心，但與短小的行人專區連接，並同時被熙來攘往的馬路切斷，實際上並未達至上述的原則。因此，市政署建議應模仿廣東道、梳士巴利道、彌敦道和開平道交界的主要商業和旅遊區，設置完全禁止車輛出入的區域才較理想。[61]

根據 1980 年《文匯報》兩篇尖沙咀東發展系列報道的分析，以往尖沙咀的發展局限於金馬倫道方圓一哩的地區，舊商戶、舊商廈雲集，不但限制了尖沙咀區進一步發展，而且缺乏周詳的規劃。相反，即將完成的尖沙咀東部發展計劃，事前有長遠的規劃，亦因應附近海底隧道和地下鐵路建成帶來的旅客需要，興建多座全新的商業大廈、商場和酒店。因此，該報預期尖沙咀東部將成為尖沙咀的

表 3.2　1980 年《文匯報》報道已經興建或計劃興建的建築

建築類別	建築名稱	
商業中心	● 海洋廣場 *	● 尖沙咀中心 *
	● 好時中心 *	● 帝國中心 *
	● 東南亞商業中心 *	● 尖沙咀商場 *
	● 冠華商業大廈	● 半島中心
	● 熊谷利興	● 新世界寫字樓大廈
酒店	● 香格里拉酒店	● 假日海景酒店
	● 富豪酒店	● 帝苑酒店
	● 新世界酒店	● 麗晶酒店
住宅	● 希爾頓大廈	● 新世界中心豪華住宅

* 由信和地產興建

新標誌，並取代尖沙咀以往充斥人力車、水兵和酒吧的刻板印象。此外，中環作為商業中心發展已趨飽和，而尖沙咀東部興建的眾多商廈，正好適應香港商業發展的需要。[62] 該報總結當時已經興建或計劃興建的商業中心、酒店和住宅見表 3.2。[63]

有趣的是，新香港展覽中心（今稱香港會議展覽中心）曾計劃落戶尖沙咀東部，並曾討論是否結合興建博物館，以更善用尖東有限的貴重地皮。東尖沙咀地產發展商會亦大力支持展覽中心設在尖東，該商會主席呂志和便曾去信政府並提出四大理由：第一，九龍區的酒店多於港島區；第二，九龍半島有更多工業生產基地；第三，中華廠商會等大型機構亦支持展覽中心設在尖東區；第四，銅鑼灣區已有一個展覽中心，事實證明展覽中心設在銅鑼灣或灣仔區並非太成功。可惜該中心的目標興建選址被正義道（今麼地道）分開，而港府拒絕負責計劃興建香港展覽中心委員會的要求改劃尖沙咀城市設計圖，唯有放棄相關計劃。[64]

　　無論如何，私人發展商對尖沙咀東部的前景一片樂觀，曾有發展商稱之為「金腰帶」（golden belt），預期其租金遲早會超越中環。因此，在尖沙咀東部公開招標地段時，新加坡資金支持的尖沙咀置業便投資了當中的八個地段。其投資興建的尖沙咀中心地段以一億港元，即平均呎價 27,000 港元買入，成為該區獨享全海景的商業中心。[65] 尖沙咀中心和帝國中心在 1980 年代初便有數百商戶在經營，當中有四成為經營中、西、日、韓、越等多國食肆，所以上述兩中心又曾被譽為「尖沙咀食街」。[66]

　　因應尖沙咀東部的迅速發展，東尖沙咀地產發展商會（Tsim Sha Tsui East Property Developers Association）在 1982 年成立。時任政務司的鍾逸傑（David Akers-Jones）便在該年 12 月 7 日出席聯會的首次會議，大力讚賞私人發展商對尖沙咀東部發展的貢獻：「不久之前，東尖沙咀還是雜草叢生，只有簡陋的鐵皮小屋。但現在已發展成繁忙的商業區，有新式的酒店、購物商場、酒樓和廣場，還有景色怡人的海濱公園。」[67] 鍾逸傑的話並非純粹讚美之詞，確有事實根據。當時尖沙咀東部便有「花園城市」（garden city）的稱譽，港府的妥善規劃固然是原因之一，但在該區投得地皮的私人發展商也自覺組織聯會，在投放 40 億港元發展上述 18 個地段的強烈信心下，它們不惜工本去綠化和美化佔全區約一半面積的開放空間，使之成為具世界級數的小型花園城市，所以尖沙咀東的商廈發展密度並不算高，以令尖東大部分的大廈均能享有不同程度的海港景觀。這些高度圍繞中心區的廣場和公園而建，由步行長廊和行人天橋貫通區內各商業大廈。整個尖東的開放空間佔該區總面積達 33%。而市政局亦着力在 1983 年內完成尖東區面向漆

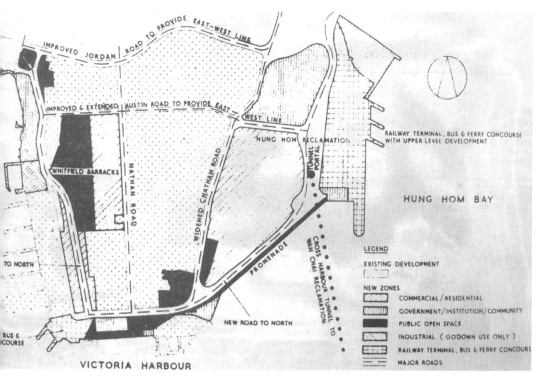

1965年《尖沙咀分區制大綱草圖》("New Look for Tsimshatsui," *The Star*, 11 December 1965, p. 5.)

咸道南地段的休憩康樂和公園設施，以成尖東的「綠腰帶」（green belt）。[68]

　　1981年，尖沙咀置業有限公司去信工務司署，申請模仿香港置地公司在中環設置聖誕燈飾的做法，申請其旗下在尖東的海洋廣場、尖沙咀中心、帝國中心、休斯頓中心（今好時中心）、東南亞商業中心（今南洋中心），以及其他公司轄下管理的冠華商業大廈、香格里拉酒店、帝苑酒店、富豪酒店、假日海景酒店一起在面向維港方向及摩地道內街的大樓外牆設立聖誕燈飾，並在這些商場大廈及酒店相連的行車及行人路設置聖誕燈泡及裝飾，以及在尖沙咀中心面對摩地道前設立高四米的聖誕樹，希望當局批准他們在同年聖誕節期間進行上述的裝置活動。最終該公司的申請成功獲批，聖誕燈飾為尖東海旁建立了良好的名聲：「尖沙咀新酒店旅遊購物區最為矚目，街燈均掛上聖誕樹燈飾，大廈皆圍上七彩耀眼燈泡，尤其是海旁新路梳利士巴利道及正義道（今摩地道），沿海洋廣場，香格里拉酒店至到海景假日酒店，每枝燈柱均裝飾以聖誕樹型之燈飾，引人入勝，隔海亦為此間燈飾所吸引。」[69] 尖沙咀海濱吸引市民的地方不只是維港景色，還有小時候在這區域活動的集體記憶：在尖東海旁欣賞聖誕燈飾，又或者在海濱不同位置和半島酒店前唱歌報聖誕佳音。[70]

隨着尖沙咀東部發展迅速，大量遊客和市民均需進出該區，以致交通擠塞和停車位置短缺情況嚴重，所以該區商場和酒店的管理者均不斷要求興建多層式停車場以解決問題。旅遊巴士亦因缺乏泊車站而需要在等待上落客期間在原區路面不斷繞圈行駛，其公司便要求當局能撥官地設置旅遊車停車場。此外，由於 1970 年代末至 1980 年代初，專利巴士只是行經漆咸道南，並沒有駛入尖東核心地帶，對進出該區的人士帶來不便。最終，至 1982 年 3 月 21 日和 7 月 2 日，1 號和 8 號專線小巴（maxicab）路線正式設立，分別來往天星碼頭、尖沙咀地鐵站和尖東，以及來往何文田及尖沙咀，途經尖東。這些路線一般在摩地道帝苑酒店對開位置上落客。東尖沙咀地產發展商會亦要求地鐵未來必須貫通尖東區。[71] 雖然西鐵尖東站最終在 2004 年才啟用，其出入口鄰近永安廣場，但由於漆咸道行車線的阻隔，加上尖東百週年紀念公園的綠色屏障，令一般人心目中的尖東仍是自成一角的區域。

1982 年 5 月 12 日，以呂志和為首的尖東地區發展商召開商討尖東進一步發展的會議，不但讓區內的物業管理者參加，亦邀請了政府不同部門人士參與。呂志和在會議上發言，指一眾發展商在過去四年投資了 90 億港元發展尖東區，將尖東由一塊純粹的填海地發展成擁有 18 座已建成大廈（4 間酒店、12 座商業大廈、1 座商住大廈、1 座辦公室暨停車場大廈）的發展區。他又指出政府在促進尖東繁榮的努力落後於發展商的預期，其中公共交通、泊車及娛樂設施等問題都急需解決，否則會阻礙尖東進一步發展，而發展商希望進一步投資該區發展的計劃亦無從落實。與會的「香港金王」胡漢輝便指出尖東缺乏戲院和保齡球場等設施。當時香港重要地產商之一的趙世曾亦指出尖東已有近九成大廈落成，有急切需要組成發展商聯會，成為未來與政府商討尖東未來發展的代表組織，與會者一致通過成立上述的組織，這成為後來東尖沙咀發展商會設立的來源。[72]關於尖東區在整個 1980 年代發展的 20 座商業建築物的興建歷史和建築特色，見表 3.3。[73]

這批集中在 1980 年代初建成的商業建築物，不少都是 16 層樓高，以配合當時啟德機場飛機升降的高度限制。此外，當中多座建築物同樣使用茶色反光玻璃幕牆，中央大堂一般設有噴水池和子彈升降機，加上業權分散而少有大規模裝修重建，令尖東意外地維持三十多年不變，成為 1980 年代至 1990 年代香港式紙醉金迷的歷史活化石。[74]

表 3.3　1980 年代 20 座商業建築物的歷史和特色簡介

建築物今稱	特色簡介
1.　永安廣場	1981 年落成　　　發展商：尖沙咀置業 歷史及建築特色：樓高 16 層，原稱海洋廣場，因永安公司購入多層商場而改為今稱。大廈面向維多利亞港，佔有三面大單邊，採用新型玻璃牆式外牆設計。香港著名影星成龍在電影《警察故事》中，便從廣場頂樓摟着燈飾直衝下來，並配合爆炸火光的效果，成經典一幕。
2.　香格里拉酒店	1981 年 6 月 17 日開幕　　　發展商：香格里拉酒店（香港）有限公司 歷史及建築特色：樓高 19 層，面向維多利亞港，提供 720 間客房，地下為佔地 6,500 平方呎「無柱式」豪華宴會大堂。
3.　尖沙咀中心	1980 年底落成，1981 年 7 月 25 日開幕　　　發展商：尖沙咀置業 歷史及建築特色：樓高 11 層，採用最先進金色隔熱反光玻璃幕牆。商場內部設有兩部太空式玻璃升降機，20 部扶手電梯，並與鄰近的帝國中心連接的行人天橋設置香港首部自動行人載送系統。該中心亦成為信和置業和尖沙咀置業的集團總部。
4.　帝國中心	1981 年 3 月落成　　　發展商：尖沙咀置業 歷史及建築特色：樓高 16 層，早期大部分用作政府部門辦公室之用。商場內設有香港首間萬國寶通銀行萬通信用卡自動化服務中心。
5.　海景嘉福酒店	1981 年落成　　　發展商：厚德投資有限公司 歷史及建築特色：興建酒店的公司由商人呂志和任主席。酒店前稱假日海景酒店，以特許經營方式批給假日酒店集團管理。酒店樓高 19 層，共 650 間客房，當中有六成房間面向維多利亞港海景，並設有落地玻璃。
6.　千禧新世界香港酒店	1988 年 4 月 11 日開幕　　　發展商：日本航空發展株式會社及熊谷組集團 歷史及建築特色：原稱香港日航酒店，建築地點曾為擬建展覽中心用地。酒店樓高 17 層，提供 460 間客房，建築費達 2 億港元。當時酒店採用頂建法（topdown method）興建，即興建地面一層後，同時進行地庫一樓及二樓和地面一樓及二樓的工程，縮短了興建工程所需的時間。酒店在 1985 年 7 月開始動工興建，至 1988 年 1 月，鑑於台商與中國經濟交流日多，所以台資龍祥集團以 10 億 600 萬元購入香港日航酒店，並由日航公司維持 25 年的管理權限。
7.　冠華商業大廈	1982 年落成　　　發展商：冠華鏡廠 歷史及建築特色：樓高 13 層。1982 年 6 月 25 日，人民入境事務處總部遷入該大廈。
8.　好時中心	1981 年落成　　　發展商：信和置業 歷史及建築特色：曾稱休斯頓中心。樓高 16 層，採用歐美茶色玻璃幕牆裝飾。中心採用 Y 型設計，使每一寫字樓單位均可無阻地欣賞海景。商場設有大型天井，使陽光能透入商場內，富有大自然的氣息。1982 年，香港首間全女班服務的銀行 ── 香港嘉華銀行分行設於好時中心內。1983 年，仿星光行星光邨的成功經驗，地庫設立「中國邨」，有 80 個攤位售賣特色中國民族手工產品。
9.　帝苑酒店	1980 年底落成，1981 年 10 月 1 日開幕　　　發展商：新鴻基地產 歷史及建築特色：是新鴻基投資興建的第一所酒店，並邀請了文華酒店集團負責管理，提供 436 間客房。酒店內部設有通天花園，樓低有 110 呎高，並遍植樹木及奇花異草。

建築物今稱	特色簡介
10. 富豪酒店	1982 年開幕　　發展商：富豪酒店集團 歷史及建築特色：設有法國路易 15 世時代古物及歐陸色彩的建築設計。酒店由法國美麗殿酒店業管理集團管理。
11. 南洋中心	1982 年落成　　發展商：尖沙咀置業 歷史及建築特色：曾稱東南亞商業中心。樓高 12 層，黑色石板磚與鑲在凸出黑色鋁窗框的灰色玻璃鏡片的獨特外牆設計，施工難度不小。1983 年永安廣場開幕前，永安百貨便在該中心一字樓開設特賣場。其後成為時裝店集中地。
12. 華懋廣場	1988 年落成　　發展商：華懋集團 歷史及建築特色：曾為擬建展覽中心用地。
13. 安達中心	1984 年開幕　　發展商：嘉里建設 歷史及建築特色：樓高 12 層，地下三層為商場，兒童遊樂場歡樂天地和 Neway CEO 卡拉 OK 曾經進駐。其餘層數為停車場，提供過千個泊車位。
14. 半島中心	1981 年落成　　發展商：長江實業 歷史及建築特色：樓高 16 層，大廈外牆鋪設意大利高級紙皮石，古銅色高級鋁窗配茶色玻璃，低座設有美術三合土浮雕，外型線條簡單典雅。
15. 新文華中心	1982 年落成　　發展商：九龍建業 歷史及建築特色：有兩座各高 11 層的寫字樓，其位於科學館廣場方向的地下，在 1984 年至 2012 年曾經營九龍區最大的日式夜總會——大富豪夜總會。
16. 明輝中心	1982 年落成　　發展商：信和置業 歷史及建築特色：原稱尖沙咀廣場，亦稱信和廣場，後由東南亞財團以 2 億港元購入，改作今稱。樓高 16 層，分別地下 6 層商場及樓上 10 層寫字樓。1988 年，九龍倉購入中心 6 層商場及 9 至 12 層寫字樓，並將當中地庫至 1 樓共五層的部分樓層售予連卡佛（Lane Crawford）百貨公司，其後設立卡佛廣場購物中心。
17. 希爾頓大廈	1981 年落成　　發展商：恆隆地產 歷史及建築特色：尖東區內唯一住宅大廈，項目共分兩座，每座 10 層。
18. 東海商業中心	1981 年底落成　　發展商：長江實業及利興置業 歷史及建築特色：在大廈門前設有當時香港唯一行人專用休息用地。中心樓高 15 層，採用美國不鏽鋼隔熱反光玻璃幕牆及意大利花崗石外牆。商場內部全裝上日本高級美術天花。
19. 港晶中心	1982 年落成　　發展商：華光地產、怡華置業、益新置業及益大置業 歷史及建築特色：樓高 13 層，採用隔熱反光玻璃幕牆。
20. 幸福中心	1983 年落成　　發展商：信和置業

　　1979 年，地下鐵路通車及新世界中心落成，在以往仍是地盤的尖東地區，尖沙咀中心等商場亦陸續落成，逐漸成為區內新興的娛樂活動勝地。以往在尖沙咀的夜店陸續遷往尖東營業，跳舞的夜總會、黃色事業、日式夜總會和 Disco 都陸續在尖東落戶經營。[75]

　　尖東地區最有名的夜總會，當數分別在 1983 年和 1984 年成立的中國城夜總會和大富豪夜總會，兩者曾成為尖東紙醉金迷的代名詞。中國城夜總會設於半島中心，佔地 50,000 平方呎，投資超過 1 億港元興建，當時便有如此的廣告標語作招徠：「中國城可稱夜總會巨人……金碧輝煌的娛樂之城，有巧奪天工的飛瀑湧泉，畫閣瓊樓……中國城擁有盈千青春女侍，溫柔服務，……到中國城等於以名車勞斯萊斯作的士，花同樣的消費，可收絕佳的享受和服務。」[76] 廣告雖不無誇張之語，但「魚翅撈飯」的盛世浮華，確是當時不少香港人的價值觀之一。

　　1984 年 12 月 12 日開幕的大富豪夜總會，正值中英兩國就香港前途問題談判接近尾聲之際，更具歷史的意義。二戰時援助中國的美國志願飛行隊陳納德（Claire Lee Chennault）將軍遺孀陳香梅之妹陳香桃是當時大富豪的股東之一，所以時任新華社香港分社副社長的李儲文亦特別出席該夜總會的開幕儀式。設於新文華中心的大富豪夜總會，佔地 60,000 平方呎，投資 6,000 萬港元興建。夜總會的設立被視為對香港回歸中國後「馬照跑，舞照跳」的承諾投下信心的一票。香港的夜總會曾經是黃賭毒的淵藪，或黑幫仇殺的場所，或見證當年香港商界在夜總會傾談生意的歷史，但大富豪夜總會作為九龍半島日式夜總會的龍

好時中心的茶色玻璃幕牆
（2019 年 2 月攝）

頭，亦有光明的一面，如 1986 年《華僑日報》為了慶祝父
親節，組織 300 名讀者參加「父親節大富豪歡樂遊」。[77] 大
富豪曾經歷尖東發展以至香港經濟最輝煌的年代，它更加
曾有在股票市場上市的計劃，但遇上「八七股災」而擱置
計劃。此外，大富豪亦曾面對瑞典富豪汽車入稟控告使用
「富豪」二字作為夜總會名稱，影響該汽車品牌的形象。[78]
後來，好景不常，1997 年亞洲金融風暴和 2008 年的金融
海嘯大大打擊了大富豪的生意，那時每晚只有最多十多枱
客人惠顧，最終大富豪在 2012 年 7 月結束其 28 年的經營
歷史。[79]

南洋中心，既有尖東商業建築群的玻璃幕牆特色，亦有其石材與玻璃互相連扣的建築風格（2019 年 2 月攝）

除了大富豪、中國城兩間夜總會，以及以往尖東著名的「的士高」（Disco）——南洋中心地庫二樓的 Tropical Disco 及富豪酒店的 Hollywood East 外，1988 年落成的華懋廣場亦滿載着尖東區一代娛樂消費的集體記憶。1988 年 4 月 15 日，世界最大的免稅店集團——Duty Free Shoppers International Limited（DFS）在華懋廣場地下開設當時全香港最大面積的免稅品店。至於該免稅品店隔壁的、由華懋集團自設的華懋戲院，更成為一代香港年輕人「夜蒲」尖東的集體記憶。2013 年 5 月，華懋戲院結業，是當時香港剩下唯一一間仍開設「午夜場」的電影院。在 1990 年代高峰時期，該戲院可以開設「午夜場」（約凌晨 1 點半）、「深夜場」（約凌晨 3 點半）以至清晨 5 點半的特別場播放電影，成為一代香港人在平安夜和聖誕節等節慶看電影的熱門地點。在禁止室內吸煙的法例生效前，戲院容許觀眾在戲院內吸煙，觀眾在電影播映期間談天、通電話的情況亦不時出現，這種「草根」的感覺成為彭浩翔執導的《低俗喜劇》選擇

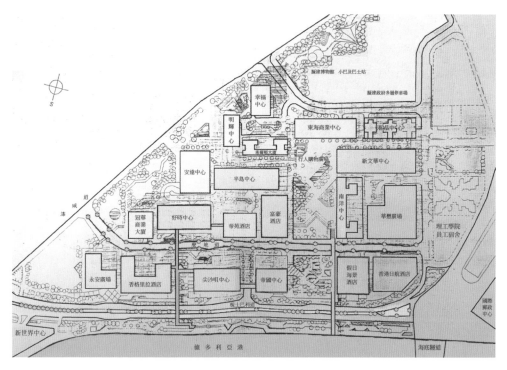

在華懋戲院舉行首映禮的原因。[80] 而華懋戲院電影院大堂的
羅馬式浮雕,以及以華懋集團的王德輝及「小甜甜」龔如心
為主角的 One Life One Love 木偶劇場景裝置,更成為戲院
的經典場景。

註釋

1. 即使是在日治香港物資短缺期間，日治政府在九龍半島都優先恢復尖沙咀碼頭至九龍各區的巴士路線，以 1942 年 10 月 1 日為例，尖沙咀碼頭出發的路線有四：1 號（尖沙咀經香取通〔彌敦道〕至九龍城）、2 號（尖沙咀至欽州街）、3 號（尖沙咀至荔枝角）及 4 號（尖沙咀經漆咸道至九龍城）。有趣的是，港島區恢復的巴士路線由中環碼頭出發，但由於該碼頭運行的天星小輪路線以尖沙咀為目的地，所以也指稱中環碼頭為「尖沙咀碼頭」，分別營運三條路線：1 號（尖沙咀碼頭至元香港〔香港仔〕）、2 號（尖沙咀碼頭至大學堂〔香港大學〕）及 3 號（尖沙咀碼頭至赤柱）。參見〈市民の足を自由に，一切の自動車業務を〉，《香港日報》，1942 年 10 月 1 日，頁 2；〈香港更生一周年の佳日ね祝ひ奉る：香港自動車運送會社運轉系統圖〉，《香港日報》，1942 年 12 月 25 日，頁 5。

2. 文化中心管理員湯先生，訪問者：陳銘泅、許宇琪，2018 年 6 月 4 日。

3. W.H. Whyte, *The Social Life of Small Urban Spaces* (Michigan: Edwards Brothers, 1980).

4. Hatice Sonmez Turnel, Ipek Altug and Emine Malkoç True, "Evaluation of Elderly People's Requirements in Public Open Spaces: A Case Study in Bornova District (Izmir, Turkey)," *Building and Environment* 42 (May 2007): 2035–2036.

5. "Development of Tsim Sha Tsui District: Proposals on Future Land Use, Communication Patterns Prepared by Town Planning Board," 10 December 1965, HKRS70-4-94，香港政府檔案處；〈尖沙咀區發展：港府函各機構徵詢〉，《華僑日報》，1963 年 11 月 28 日，頁 7；〈尖沙咀區發展計劃，港府徵詢各方意見〉，《星島日報》，1963 年 11 月 28 日，頁 23；〈火車站將移往紅磡：尖沙咀發展藍圖擬就〉，《大公報》，1963 年 11 月 28 日，頁 4。NAAFI，英文全稱 Navy, Army and Air Force Institutes（三軍合作社），成立於 1921 年，負責營運英軍在全球各地的康樂設施。

6. 〈東尖沙嘴發展計劃一年後動工，面積 56 畝半屬填海〉，《星島晚報》，1974 年 9 月 5 日，第 12 版；"Draft Press Release: Public Reclamation and Works Ordinance, Proposed Reclamation for Cultural Centre at Tsim Sha Tsui," 11 July 1977; "Memo: Public Reclamations and Work Ordinance: Proposed Reclamation for Cultural Centre at Tsim Sha Tsui," 4 July 1977, HKRS70-8-985，香港政府檔案處。

7. "It Will be the Most Ambitious Building Project in HK's History: Dream City for Hunghom," *The Hong Kong Standard*, 5 September 1974, p. 1.

8. Planning Branch, Crown Lands and Survey Office, Public Works Department, "Kowloon Planning Area No. 1: Tsim Sha Tsui Outline Zoning Plan No. LK 1/50, Tsim Sha Tsui Outline Development Plan No. LK 1/51," July 1974, HKRS1689-1-106,香港政府檔案處。

9. 〈公共空間的概念〉，拓展公共空間網頁，www.hkpsi.org/chi/publicspace/concepts/（瀏覽日期：2018 年 8 月 7 日瀏覽）1970 年前，「公共開放空間」在政府文件亦稱為「公共遊憩空間」，為了顯示其英文原稱 public open space，自 1970 年代至今的政府術語使用中有其延續性，本著作統一使用「公共開放空間」public open space 在今日的中文名稱。

10. Planning Branch, Crown Lands and Survey Office, Public Works Department, "Kowloon Planning Area No. 1: Tsim Sha Tsui Outline Zoning Plan No. LK 1/50, Tsim Sha Tsui Outline Development Plan No. LK 1/51," July 1974, HKRS1689-1-106,香港政府檔案處。國際郵件中心位於紅磡海旁，鄰近紅磡體育館，在 2010 年因沙中線工程而拆卸搬遷。

11. Town Planning Division, Lands Department, "Explanatory Statement: Kowloon Planning Area No. 1, Tsim Sha Tsui Outline Zoning Plan No. S/K1/1," April 1984, HKRS938-2-21，香港政府檔案處。

12. 尖沙咀海濱長廊和尖沙咀海濱花園均以 Tsim Sha Tsui Promenade 為英文名稱，香港旅遊發展局提出香港有十大景點，當中尖沙咀海濱花園是其中之一，其介紹主提及由天星碼頭起至星光大道止的一系列香港歷史建築物、維港景色和「幻彩詠香江」的燈光匯演，位於尖東位置的尖沙咀海濱花園並沒有特別重點提及。參見〈尖沙咀海濱花園〉，香港旅遊發局網頁，www.discoverhongkong.com/tc/see-do/highlight-attractions/top-10/tsim-sha-tsui-promenade.jsp。

13. 攝影師 Roy 的的訪問；訪問者：蔡青慧，2018 年 5 月 29 日。

14. 王先生的的訪問；訪問者：蔡思行、嘉柏權、陳諾婷，2017 年 7 月26 日。

15. Sophie Watson, *City Publics: The (Dis)enchantments of Urban Encounters* (London: Routledge, 2006), p. 124.

16. Gill Valentine, *Public Space and the Culture of Childhood* (Aldershot, Hants: Ashgate, 2004), pp. 83–84.

17. 〈藝人手印金像女神領遊東方荷里活 星光大道耀香江〉，《新報》，2004 年 4 月 28 日，頁 A01；〈港億元力吸內地遊客 幻彩詠香江匯演擬擴至九龍區〉，《香港商報》，2004 年 4 月 2 日，頁 A01。

18. 〈尖沙咀愈唱愈強錄 94 分貝 警方多次接投訴「掃場」未收斂〉，《成報》，2018 年 8 月 5 日，頁 A04。

19. Emily Keightley and Michael Pickering, *The Mnemonic Imagination: Remembering as Creative Practice* (New York: Palgrave Macmillan, 2012), pp. 119–121.

20. Michael Roth, "Returning to Nostalgia," in *Home and Its Dislocations in Nineteenth Century France*, ed. Suzanne Nash (Albany: State University of New York, 1993), pp. 26–27.

21. 〈菜街大媽　珍惜再會時〉,《蘋果日報》, 2018 年 8 月 27 日, 頁 A09;〈尖嘴又驅「媽」 表演者呻遭殃〉,《蘋果日報》, 2018 年 8 月 19 日, 頁 A06。

22. Don Mitchell, "The End of Public Space? People's Park, Definitions of the Public, and Democracy," *Annals of the American Association of Geographers* 85, no.1 (March 1995): 115.

23. 羅保熙:〈街頭表演:點止藝術高低咁簡單!〉,《香港 01 周報》, 2018 年 10 月 8 日, 頁 B01–B05。

24. Vivian Doumpa and Nick Broad, "Busking: Creating a Place One Performer at a Time," 6 May 2014, *Project for Public Spaces*, accessed online from www.pps.org/article/busking-creating-a-place-one-performer-at-a-time.

25. Lyn H. Lofland, *A World of Strangers: Order and Action in Urban Public Space* (New York: Basic, 1973), p. 19.

26. Don Mitchell, "Introduction: Public Space and the City," *Urban Geography* 17, no.2 (1996): 131.

27. 黑社會在尖沙咀海旁的活動在 1980 至 1990 年代時有發生。至於回歸後最近期的相關活動發生於 2002 年 8 月 7 日, 逾 300 名「新義安」和「14K」成員在尖沙咀海旁集會發生爭執, 警方拘捕 121 人。參見〈300 黑漢尖沙嘴曬馬 光天化日無視法紀嚇壞遊客〉,《明報》, 2002 年 8 月 8 日, 頁 A02。

28. 「五枝旗杆」分別懸掛中華人民共和國國旗、香港特別行政區區旗、九龍倉、海港城及天星小輪五間公司的旗幟, 在昔日手提電話不普及的年代, 成為香港人相約朋友等候的熱門地方, 但隨着手提電話已成為香港人的必需品後,「在五枝旗杆等」已成為集體記憶的話語。參見潘國靈:〈大型商場的濫觴〉,《信報財經新聞》, 2010 年 9 月 16 日, 頁 P49;Kelly Chu:〈「等人勝地」維修封到實「五支旗杆」敷面膜?〉,《頭條日報》, 2015 年 7 月 24 日, 頁 P45。

29. 鴨靈號為 1940 年代在香港製造、現存三艘古董中國帆船之一, 經復修後來往中環及尖沙咀公眾碼頭, 讓遊客乘搭以遊覽香港維港兩岸景色。參見譚淑美:〈千萬撈船 鴨靈號新主:它是香港標誌〉,《信報財經新聞》, 2015 年 5 月 7 日, 頁 C03。

30. 2018 年香港歌手陳柏宇主唱的《無限大》音樂短片,當中在尖沙咀海
濱的取景都以灣仔會議展覽中心為背景,亦有在尖沙咀天星碼頭
和天星小輪內取景。

31. 海港城清潔管理人員李先生的訪問;訪問者:蔡青慧,2018 年 5 月
28 日。海港城露天廣場的聖誕燈飾可說是近年來香港商場最吸引
市民遊客留影和到訪的地方,例如廣場會噴出真雪效果以配合聖
誕氣氛,這已遠較 1980 至 1990 年代尖東商場及商廈的聖誕燈飾
來得吸引。海港城長年進行戶外聖誕燈飾裝置,亦成為香港人聖
誕最重要的集體記憶。參見〈網籌海運聖誕舊照「賀壽」行善〉,
《文匯報》,2016 年 11 月 7 日;〈設計公司接單倍增　旅客湧港觀
賞　聖誕燈飾照出復甦曙光〉,《文匯報》,2003 年 12 月 14 日,頁
A01;〈廣東道倒數派對 煙火迎聖誕 平安夜尖沙嘴賞飄雪〉,《新
報》,2013 年 12 月 24 日,頁 A04。

32. 〈煲吒　獲贈仿古船繩纜〉,《星島日報》,2006 年 11 月 30 日,頁
A22;〈梁雨恩遊忠僕號　書類冷門船景搭狗〉,《蘋果日報》,
2007 年 9 月 13 日,頁 E10;〈最大古帆船訪港〉,《東方日報》,
2013 年 2 月 5 日,頁 A24;〈威利啟動歡樂之旅〉,《大公報》,
2015 年 7 月 10 日,頁 B14;〈藍精靈今登海港城 高 4 米公仔 8
漫畫場景展出〉,《成報》,2016 年 7 月 13 日,頁 A05;〈Marvel
「巨著」登港 立體書「打大交」〉,《文匯報》,2017 年 7 月 5 日,頁
A10;〈海運大廈噴發夢幻泡泡〉,《成報》,2017 年 7 月 25 日,頁
A06。

33. 〈巨鴨今游到海港城!〉,《晴報》,2013 年 5 月 2 日,頁 P01;〈勾起
童年回憶 可以治療心靈 皺紋橡皮鴨 浮在維港〉,《新報》,2013 年
5 月 3 日,頁 A03;〈睇 Duck 唔顧公德　遊人喪踩黃鴨影相〉,
《蘋果日報》,2013 年 5 月 4 日,頁 A04;〈訪客又騎又踩 網民舊
照「鐵馬」護小鴨〉,《晴報》,2013 年 5 月 7 日,頁 P02;〈巨鴨離
港前夕　30 萬人逼爆尖碼 鴨爸爸:港人成就偉大展覽〉,《蘋果日
報》,2013 年 6 月 9 日,頁 A02;〈歡送好 Duck 煙火嘉年華 萬人
空巷〉,《晴報》,2013 年 6 月 10 日,頁 P02;〈橡皮鴨早前掀熱話
海港城憑活動獲獎〉,《成報》,2013 年 12 月 5 日,頁 A04。

34. Matthew Carmona, Claudio de Magalhães and Leo Hammond, *Public Space:
The Management Dimension* (London: Routledge, 2008), p. 19.

35. 攝影師 Roy 的訪問;訪問者:蔡青慧,2018 年 5 月 29 日。

36. 街頭表演樂隊 FFeverie 的訪問;訪問者:蔡青慧,2018 年 6 月 16
日。受訪者解釋「衝出國際」的意思是指出音樂旋律是「國際化」
的,所以即使尖沙咀海濱有中外遊客經過,或說英語,或說普通
話,表演者都可以繼續唱廣東話歌。受訪者表示綵排期間有外國
遊客主動和他們攀談。

37. 文化中心管理員湯先生，訪問者：陳銘泗、許宇琪，2018 年 6 月 4 日。

38. 海港城玩具製造商關先生的訪問；訪問者：蔡青慧，2018 年 5 月 29 日。

39. 藝墟攤檔火腿手工檔主 Yoyo 的訪問；訪問者：蔡青慧，2018 年 6 月 10 日。

40. 藝墟攤檔 Smile City 檔主 Kitman 的訪問；訪問者：蔡青慧，2018 年 6 月 24 日。

41. 藝墟攤檔 Straw & Aluminium Can Arts Creation 檔主何太的訪問；訪問者：蔡青慧，2018 年 6 月 24 日。

42. 〈星光藝墟下月收檔　趕絕街頭畫家推廣文化齋噏〉，《新報》，2013 年 6 月 26 日，頁 A07；〈搞藝墟莫淪為「小販區」〉，《新報》，2001 年 11 月 15 日，頁 A03。

43. 陳嘉文：〈藝墟創意被誰殺死？〉，《明報》，2013 年 6 月 26 日，頁 D02；〈藝墟改營運模式被批欠諮詢〉，《頭條日報》，2013 年 6 月 24 日，頁 P26；〈星光藝墟下月收檔　趕絕街頭畫家推廣文化齋噏〉，《新報》，2013 年 6 月 26 日，頁 A07；〈文化中心藝墟轉型 36 檔要走　五口家失生計基層畫家悲哭〉，《明報》，2013 年 6 月 20 日，頁 A08。

44. 陳嘉文：〈藝墟創意被誰殺死？〉，《明報》，2013 年 6 月 26 日，頁 D02；〈康文署：藝牌非發牌制〉，《新報》，2013 年 6 月 26 日，頁 A07。

45. 〈尖沙咀紅磡間五十餘英畝地皮，闢最大商業住宅區〉，《華僑日報》，1974 年 9 月 5 日，第 3 張第 1 頁；〈尖沙咀藍烟囱舊址，新世界中心昨動工〉，《華僑日報》，1974 年 8 月 13 日，第 3 張第 2 頁；〈尖沙咀成現代化酒店商業高級住宅區〉，《華僑日報》，1978 年 11 月 21 日，第 7 張第 2 頁；"Shopping Malls: New World," *Hong Kong Tourist Directory*, vol. 1 (1985).

46. 〈世界最大酒樓，海城酒樓夜總會，定今日開始營業〉，《香港工商日報》，1979 年 10 月 9 日，第 5 頁；〈海城酒樓增強歌唱陣容，湯蘭花十五登台〉，《香港工商日報》，1981 年 4 月 13 日，第 5 頁；〈海城酒樓新春團，秋仔肥肥受歡迎〉，《香港工商日報》，1982 年 1 月 31 日，第 6 頁；〈海城酒樓創業三周年，盛大酒會群星賀海城〉，《香港工商日報》，1982 年 11 月 12 日，第 5 頁；〈關菊英陳欣健拍檔，海城酒樓獨家演出〉，《香港工商日報》，1983 年 11 月 5 日，第 6 頁；〈本地夜總會「海城」的前世今生〉，*MetroPop*，2018 年 1 月 23 日；新世界中心煥然一新　200 億重建成 "Victoria Dockside"，《都市日報》，2018 年 4 月 26 日。

47. From J.H. Pain, to the Hon. Sir Denys Roberts, 6 April 1978, HKRS608-1-22，香港政府檔案處；〈國際龍舟賽，今午尖沙咀東舉行〉，《工商晚報》，1978 年 6 月 11 日，第 1 頁；〈國際龍舟邀請賽，在日電視台播映〉，《工商晚報》，1978 年 6 月 11 日，第 8 頁。

48. 尖沙咀街坊福利會理事長吳多泰、監事長曾正致旺角民政主任李宏威，1982 年 2 月 4 日；旺角民政專員王英偉致尖沙咀街坊福利會理事長吳多泰函，1982 年 4 月 30 日，HKRS410-10-46-2，香港政府檔案處。

49. 〈香港東急百貨公司，在新世界中心開業〉，《華僑日報》，1982 年 5 月 25 日，第 3 張第 2 頁；〈尖沙咀新世界中心外牆，巨眼監視垃圾蟲〉，《工商日報》，1982 年 8 月 1 日，第 3 張第 2 頁。

50. 〈尖沙咀區兩項宏偉建設：新世界廣場將啟用，九龍公園興建泳池〉，《華僑晚報》，1983 年 9 月 13 日，引自 "Tsim Sha Tsui Development, 1980–1983," HKRS70-8-4843，香港政府檔案處。

51. 澆花人員謝先生的訪問；訪問者：蔡青慧，2018 年 5 月 29 日。

52. 市民謝頌文先生的訪問；訪問者：許宇琪，2018 年 1 月 15 日。

53. 尖碼之聲發起人陳嘉朗，訪問者：蔡思行，2018 年 3 月 1 日。

54. 〈尖沙咀海旁活化　注商業元素〉，《香港經濟日報》，2015 年 7 月 11 日，頁 A05；〈尖沙咀海旁擬活化　反對意見多〉，《香港經濟日報》，2015 年 8 月 11 日，頁 A23；〈尖東海濱優化收 337 反對書　星光大道擬封 3 年商戶憂新建築遮海景〉，《明報》，2015 年 8 月 11 日，頁 A08；〈尖東發展商聯會　反對星光大道擴建〉，《星島日報》，2015 年 8 月 26 日，頁 A15；〈尖東海濱准優化新世界再管 20 年〉，《明報》，2015 年 8 月 22 日，頁 A03。實際上，星光大道的前身——長 1,200 米的尖沙咀海濱長廊及新世界中心出口、面積 2,260 平方米的海濱公園，是由新世界中心管理團隊興建。參見 "Shopping Malls: New World," Hong Kong Tourist Directory, vol. 1 (1985).

55. Shirley Kressel, "Privatizing the Public Realm," New Democracy Newsletter, July–August 1998, http://newdemocracyworld.org/old/space.htm.

56. Don Mitchell and Lynn A. Staeheli, "Clean and Safe? Property Redevelopment, Public Space, and Homelessness in Downtown San Diego," in The Politics of Public Space, ed. Setha Low and Neil Smith (New York: Routledge, 2006), p. 153.

57. 文化中心管理員湯先生，訪問者：陳銘洇、許宇琪，2018 年 6 月 4 日。

58. 澆花人員謝先生的訪問；訪問者：蔡青慧，2018 年 5 月 29 日。

59. 星光花園士多舖老闆阮小姐的訪問；訪問者：蔡青慧，2018 年 6 月 24 日。

60. From A.T. Clark, to Chief Planning Officer, District Planning Division, CL & SO, 10 December 1970; From From A.T. Clark, to Chief Planning Officer, District Planning Division, CL & SO, 19 May 1971, HKRS1689-1-105，香港政府檔案處；Planning Branch, Crown Lands and Survey Office, Public Works Department, "Kowloon Planning Area No. 1: Tsim Sha Tsui Outline Zoning Plan No. LK 1/50, Tsim Sha Tsui Outline Development Plan No. LK 1/51," July 1974, HKRS1689-1-106，香港政府檔案處。由於信和集團在尖東地區擁有及管理多個建築物，加上新世界集團成功向政府申請在該中心至文化中心之間興建地下商場及停車場的案例，所以曾在 1988 年牽頭向政府提出從南洋中心開始，經市政局百週年紀念公園及富豪酒店至帝苑酒店興建地下城，增加尖東的商場和停車場面積，但最終建議不了了之。參見〈有關計劃仍在籌劃中，信和擬建尖東地下城〉，《大公報》，1988 年 9 月 8 日，第 4 張第 13 版。

61. From D.R. Semple, to Urban District Planning Division, T.P.O., 8 July 1974, HKRS1689-1-106，香港政府檔案處。

62. 〈尖沙咀東部不斷擴展，整個計劃明年可完成——尖沙咀東部發展史之一〉，《文匯報》，1980 年 9 月 19 日，第 6 版。

63. 〈高級商場及酒店，多幢正在興建中——尖沙咀東部發展史之二〉，《文匯報》，1980 年 9 月 20 日，第 6 版。

64. From R.A. Nissim, to Principal Government Town Planner, 23 March 1979, HKRS608-1-23; Lui Che Woo, "Points for Discussion with Mr. G. Barnes, Regional Secretary (Hong Kong and Kowloon), City and N.T. Administration," 7 June 1982, HKRS608-1-28，香港政府檔案處；〈高級商場及酒店，多幢正在興建中——尖沙咀東部發展史之二〉，《文匯報》，1980 年 9 月 20 日，第 6 版；〈受尖沙咀城市設計圖則限制，香港展覽中心或需易地興建〉，《大公報》，1981 年 11 月 13 日，第 2 張第 5 版。

65. "Central may Have to Play Second Fiddle to 'Garden City'," *The Hong Kong Standard*, 23 June 1980, p. 6.

66. 〈尖沙咀東大放光明，聖誕燈飾引人入勝〉，《香港工商日報》，1981 年 12 月 22 日，第 6 頁。

67. 〈東尖沙咀區轉變迅速〉，1982 年 12 月 7 日，HKRS70-8-4843，香港政府檔案處。

68. "Central may Have to Play Second Fiddle to 'Garden City'," *The Hong Kong Standard*, 23 June 1980, p. 6; "Notes of Meeting between

Government Departments and Developers of East Tsim Sha Tsui at the Tsui Hang Village Restaurant Holiday Inn Habour View on 12.5.82 at 3 p.m.," HKRS608-1-28，香港政府檔案處。

69. From John Luk, to Highway Office, Government Branch Office, Public Works Department, 18 September 1981, HKRS608-1-26，香港政府檔案處；〈尖沙咀東大放光明，聖誕燈飾引人入勝〉，《香港工商日報》，1981 年 12 月 22 日，第 6 頁。

70. 市民謝頌文先生的訪問；訪問者：許宇琪，2018 年 1 月 15 日。

71. Ng Chin Man & Associates, "A Study Report on Carparking Systems, Commercial Carpark Building Tsim Sha Tsui East, KIL 10647," 21 July 1981; 鄭毛寶裳致運輸署泊車組執事主任，1981 年 4 月 1 日，HKRS608-1-25，香港政府檔案處；Transport Department, "Traffic and Transport Arrangements in Tsim Sha Tsui East," July 1982, HKRS608-1-28，香港政府檔案處；Lui Che Woo, "Points for Discussion with Mr. G. Barnes, Regional Secretary (Hong Kong and Kowloon), City and N.T. Administration," 7 June 1982, HKRS608-1-28，香港政府檔案處。實際上，早於 1974 年，工務司署已按 1971 年全港 8% 的自用車擁有率推算，當時尖沙咀全區便需要額外 10,000 個泊車位，或十幢多層式停車場。尖東區的開發只是令問題更形嚴重。參見 Planning Branch, Crown Lands and Survey Office, Public Works Department, "Kowloon Planning Area No. 1: Tsim Sha Tsui Outline Zoning Plan No. LK 1/50, Tsim Sha Tsui Outline Development Plan No. LK 1/51," July 1974, HKRS1689-1-106，香港政府檔案處。

72. "Notes of Meeting between Government Departments and Developers of East Tsim Sha Tsui at the Tsui Hang Village Restaurant Holiday Inn Habour View on 12.5.82 at 3 p.m.," HKRS608-1-28，香港政府檔案處。

73. 〈海洋廣場又創紀錄，全部單位一日售罄〉，《華僑日報》，1980 年 6 月 24 日，第 2 張第 2 頁；〈海洋廣場，氣派豪華〉，《華僑日報》，1980 年 10 月 28 日，第 4 張第 4 頁；〈單位動輒過百萬元，海洋廣場銷售不易〉，《香港工商日報》，1982 年 1 月 19 日，第 5 頁；〈香格里拉酒店開幕，駐港三軍司令剪綵〉，《華僑日報》，1981 年 6 月 18 日，第 4 張第 3 頁；〈尖沙咀中心大廈，年底落成開幕〉，《工商晚報》，1980 年 10 月 8 日，第 2 頁；〈尖沙咀中心開幕，舉行十萬元波子競猜〉，《香港工商日報》，1981 年 8 月 3 日，第 7 頁；〈五個政府部門，遷入帝國中心〉，《華僑日報》，1981 年 5 月 1 日，第 2 張第 2 頁；〈最新全自動銀行服務，獨立式萬通咭中心，昨在帝國中心開幕〉，《華僑日報》，1981 年 9 月 19 日，第 2

張第 3 頁；〈信和地產尖沙咀置業，兩大集團酒店慶喬遷〉，《華僑日報》，1981 年 11 月 27 日，第 3 張第 3 頁；〈為興建海景假日酒店，逾億元貸款合約簽署〉，《大公報》，1979 年 7 月 10 日，第 2 張第 5 版；〈海景假日酒店平頂〉，《華僑日報》，1980 年 11 月 15 日，第 3 張第 4 頁；〈海景假日酒店，設計齊全極盡豪華〉，《華僑日報》，1981 年 6 月 16 日，第 7 張第 1 頁；〈日航酒店七月份動工〉，《大公報》，1985 年 3 月 14 日，第 4 張第 13 版；〈香港日航酒店建築工程展開〉，《華僑日報》，1986 年 9 月 2 日，第 4 張第 3 頁；〈台集團斥資十億購尖東日航酒店〉，1988 年 1 月 12 日，第 3 張第 9 版；〈日航酒店出售，台灣龍祥購入〉，《大公報》，1988 年 4 月 12 日，第 4 張第 13 版；〈人民入境事務處，總部遷往尖沙咀〉，《華僑日報》，1982 年 6 月 26 日，第 2 張第 1 頁；〈好時中心高級商場，觀景一流購物方便〉，《華僑日報》，1980 年 10 月 14 日，第 4 張第 1 頁；〈全女班銀行開幕〉，《大公報》，1982 年 5 月 9 日，第 2 張第 5 版；〈好時中心商場，將設「中國邨」〉，《大公報》，1983 年 7 月 20 日，第 2 張第 7 版；〈尖沙咀帝苑酒店，明年底落成揭幕〉，《華僑日報》，1979 年 7 月 27 日，第 3 張第 4 頁；〈帝苑酒店今午開幕，通天花園最具特色〉，《華僑日報》，1981 年 10 月 1 日，第 9 張第 1 頁；〈法國記者團，訪富豪酒店〉，《華僑日報》，1982 年 6 月 1 日，第 4 張第 3 頁；〈位於尖沙咀東及啟德機場，兩間富豪酒店同日舉行開幕〉，《華僑日報》，1982 年 10 月 12 日，第 5 張第 3 頁；〈尖沙咀南洋中心，高級寫字樓即日開售〉，《華僑日報》，1981 年 10 月 1 日，第 2 張第 4 頁；〈南洋中心〉，《華僑日報》，1981 年 11 月 10 日，第 4 張第 1 頁；〈「永安特價市場」，設在尖沙咀南洋中心〉，《香港工商日報》，1983 年 1 月 24 日，第 6 頁；〈南洋中心花園廣場，是尖東設計的焦點〉，《華僑日報》，1985 年 8 月 13 日，第 2 張第 3 頁；〈安達中心車位過千，尖沙泊車問題改善〉，《華僑日報》，1984 年 7 月 3 日，第 2 張第 4 頁；〈安達中心購物廣場，招租各界反應熱烈〉，《華僑日報》，1990 年 7 月 27 日，頁 24；〈長實推出商業大廈，半島中心瞬即售罄〉，《華僑日報》，1980 年 1 月 21 日，第 3 張第 3 頁；〈信和廣場五億元終易主〉，《工商晚報》，1981 年 7 月 3 日，第 7 頁；〈九龍倉及連卡佛購明輝中心物業〉，《大公報》，1988 年 7 月 24 日，第 2 張第 7 版；〈長江實業利興置業推出八一年新商業樓宇：東海商業中心〉，《華僑日報》，1981 年 3 月 17 日，第 4 張第 1 頁；〈尖沙咀港晶中心，明日商業黃金區〉，《華僑日報》，1981 年 9 月 15 日，第 4 張第 1 頁。

74. 蔡琇瑩：〈尖東繁華變種〉，《明報》，2013 年 12 月 29 日，頁 S08；Bonnie Connie：〈張望尖東 換一個角度看〉，*U Magazine*，2013 年 3 月 8 日，頁 9–15。

75.　林健強的訪問；訪問者：嘉柏權、陳諾婷，2017 年 9 月 13 日。

76.　〈氣派豪華雷射激光，中國城夜總會開業〉，《華僑日報》，1983 年 5
月 4 日，第 4 張第 2 頁。

77.　〈陳香梅之妹陳香桃是股東之一，大富豪夜總會開幕〉，《大公報》，
1984 年 12 月 13 日，第 1 張第 4 版；〈華僑讀者祝父親節，觀光大
富豪夜總會〉，《華僑日報》，1986 年 6 月 18 日，第 3 張第 2 頁。

78.　〈大富豪夜總會鑑於股市陷低潮，擱置上市計劃〉，《華僑日報》，
1987 年 12 月 13 日，第 2 張第 2 頁；〈不滿名字被人擅用，瑞典富
豪汽車入稟〉，《華僑日報》，1988 年 5 月 21 日，第 2 張第 2 頁。

79.　王先生的訪問；訪問者：蔡思行、嘉柏權、陳諾婷，2017 年 7 月 26
日；〈「馬照跑舞照跳」褪色，大富豪拉閘〉，《新報》，2012 年 6 月
13 日，頁 A01；安裕：〈不知有漢，無論魏晉〉，《明報》，2012 年
7 月 22 日，頁 P04。

80.　"Discos," *Hong Kong Tourist Directory*, vol. 1 (1985);〈尖東華懋廣場開
設香港最大免稅品店〉，《華僑日報》，1988 年 4 月 13 日，第 5 張
第 4 頁；〈華懋戲院突結業觀眾摸門釘〉，《明報》，2013 年 5 月
25 日，頁 A05；〈尖東華懋戲院突結業〉，《蘋果日報》，2013 年 5
月 25 日，頁 A06。

1950年代尖沙咀火車站大樓，與前方尖沙咀天星碼頭、背面的半島酒店及訊號山形成海濱的風景線，富有協調感。(蔡思行藏)

第四章
集體記憶
保留？保育？

在 1970 年代的香港，集體記憶（collective memory）這一概念尚未流行，但有人開始提出尋找身邊的建築物與香港市民以至過客歷史記憶的連繫，在當時不啻是新穎的想法。「歷史記憶」是否等同於「集體記憶」？當記憶由「個人的」邁向「集體的」，歷史有着重要的角色。

在今天一般人的印象中，保育與香港人集體記憶息息相關，歷史建築物如皇后碼頭、中環天星碼頭、灣仔囍帖街等需要向經濟發展讓路的爭議好像只在近十年才出現。實際上，早於 1970 年代中，關於舊尖沙咀火車站和第二代水警總部的保育已備受爭議，但今天已被一般人所遺忘。社會心理學家 James W. Pennebaker 指出歷史記憶根據時下文化的需要而被解讀和改變，在不同的時代和文化下，記憶都會隨着時間而變得如神話般強調正面的結果而忘記當中的成本。[1] 集體記憶有其照顧身份認同需要的功能，在不同的時代有不同的需要。今天香港重視文化保育和對抗地產霸權，於是便着重談論皇后碼頭等對香港人集體記憶的重要性；而 1970 年代的香港強調加強市民對香港的歸屬感，以及着重香港作為東西文化匯萃之地和中外貿易的重要海港，於是舊尖沙咀火車站和第二代水警總部便成為見證香港百年航運和中國門戶歷史的不可拆卸的歷史建築物。

香港政府和不少港人對保留歷史建築物從來都缺乏興趣，有論者認為主要的原因包括：第一，「有錢人是成功人士」是香港主要的核心價值之一，尤其是香港長期作為殖民地社會，其掙扎求存源於成功的貿易和商業手段；第二，香港長期成為「過渡」的地方，歐籍政府官員和洋行職員主要關注如何把工作和退休金帶回歐洲退休，而本地華人則只關注他們的生意，對於保留香港本地歷史遺產缺乏興趣；第三，香港人口在戰後急速膨脹，使市區急劇擴張，拆卸舊建築是無可避免的；第四，香港人十分着重私人物業的擁有權，以作為獲取財富的重要途徑，對於無法「擁有」的歷史建築物感到並不重要；第五，1970 年代香港經濟急速增長，所有事物都有價錢標籤，歷史建築物被視為發展的阻礙物。香港過往和現在都是賺錢的地方，只要重建能夠回本並帶來利潤，拆卸建築物成為應有之義。[2] 本章將以舊尖沙咀火車站、天星碼頭巴士總站和 1881 Heritage 為案例，分別分析尖沙咀海濱 1970 年代至今，歷史建築物在重建發展、保留和保育三個方案中的爭議。

保留？發展？：拆卸舊尖沙咀火車站與興建文化中心的爭議

鑑於尖沙咀可發展地皮有限，所以早於 1924 年，港府便聘請專家研究將建於 1916 年的尖沙咀火車站遷往紅磡，但由於當時尚未填海的紅磡容易受風浪衝擊而作罷。至 1958 年，港府再聘請專家研究搬遷尖沙咀火車總站以騰空 38 英畝貴重地皮的可能性，結果港府原則上接納搬遷火車站，但需要再考慮 4,500 萬港元的搬遷費是否值得接納。1960 年 12 月，港督柏立基（Robert Black）授權城市設計處（Town Planning Board）草擬佐敦道以南和彌敦道以西的尖沙咀區域重新發展的規劃草圖。1962 年 5 月，草圖的規劃範圍擴展至包含整個尖沙咀半島及紅磡填海區。[3]

1960 年代尖沙咀的重新發展項目相較鄰近地區如油蔴地來得容易，其用地主要來自尖沙咀火車總站和威菲路兵房（Whitfield Barracks）用地，油蔴地則需要通過冗長的收購舊樓過程才能獲得發展所需的用地。[4] 至於紅磡海底隧道和紅磡新火車總站的興建都是為了配合尖沙咀發展重心而由西部遷往東部。[5] 針對港府在搬遷火車站方面的議而不決，《華僑晚報》在 1963 年 11 月 29 日發表名為〈不要祗在原則上接納〉的社論，指出為了尖沙咀和紅磡的進一步發展，搬遷是刻不容緩的。此計劃的落實一方面提供尖沙咀所需的發展空間，有利促進該區旅遊業的發展。而火車總站遷往已發展成工業區的紅磡，亦有利紅磡工業的進一步發展。[6]

實際上，1963 年 4 月 19 日，港督柏立基在半島酒店參加香港工程師學會（The Engineering Society of Hongkong）的周年晚宴便表示，尖沙咀火車總站拆卸重建、發展威菲路兵房及紅磡填海工程這一系列尖沙咀區發展計劃，堪足比擬同期港島區發展計劃的重要性。柏立基亦預期截止1967 年，港府推動的工務工程金額便達 20 億港元。[7] 由此可見，重置火車總站所需的 4,500 萬港元費用，只佔上述公共工程金額的一小部分，但其對尖沙咀地區未來發展的重要性則舉足輕重。

嘉道理家族在 1963 年 11 月撰寫《尖沙咀：初步規劃研究》的內部文件，指出以其經營的半島酒店的立場，亦不能因為自身可以獨享完美海港景觀的利益而反對舊尖沙咀火車站的重建發展計劃，海港景色並非半島酒店所能私自獨享的，反而應該為整個社區的福祉而服務。鑑於尖沙咀天星碼頭和廣東道一帶海濱的進一步發展，使天星碼頭迴旋處和廣東道交通擠塞的問題沒有解決的希望，因此嘉道理家族認為舊尖沙咀火車站用地的目標應是去中心化，即將原本計劃在火車站現址興建的新郵政局、音樂廳和圖書館等一起改設在舊威菲路兵房用地上。而火車站現址則有兩個作用：第一，興建單軌鐵路（monorail）以疏導尖沙咀擠塞的交通；第二，興建單軌鐵路所剩餘的用地，應該為居民興建九龍半島版的「銅鑼灣維多利亞公園」。[8]

　　1963 年 11 月，尖沙咀街坊福利會（Tsimshatsui Kaifong Welfare Association）寫信給城市設計處，信中表示不同意將香港大會堂遷往紅磡的建議，指出應該將之興建在舊尖沙咀火車站原址，並同時興建博物館和公共圖書館。[9] 或許街坊福利會尚未得悉城市設計處同年 8 月的內部文件，該文件顯示尖沙咀重新發展計劃的其中一個主旨就是「興建市政中心（civic centre）以切合九龍社區的需要」。文件亦提到在舊尖沙咀火車站原址興建政府辦公大樓及民用設施如圖書館、演講廳等，並在五年內審視是否需要釋放部分用地作商業用途，還是照舊將所有地方均用作政府和市民康樂用途。由此可見，舊尖沙咀火車站原址的未來用途雖無大會堂之名，卻有大會堂之實。[10] 1970 年，街坊福利會又向市政署建議在尖沙咀火車站舊址興建博物館，「以令在 37 年前被拆卸、原址現為滙豐銀行總行的舊大會堂重生，從而使本地市民認識到所有香港和世界其他地方的古物，並進一步吸引海外遊客的興趣。」[11] 1973 年，鑑於該會成功向當局爭取將舊威菲路兵房 42 英畝用地中的其中 26 英畝闢為九龍公園，因此該會理事長余祿祐便提出將上述用地剩餘的 16 英畝用地興建九龍大會堂，但該會對在舊尖沙咀火車站原址興建博物館的主張仍維持不變。[12]

　　1964 年 1 月 7 日的市政局會議上，時任市政局非官守議員的沙利士（Arnaldo de Oliveira Sales）向兼任市政局主席的市政總署署長 Kenneth S. Kinghorn 提出發展尖沙咀海濱的建議，指出將來尖沙咀火車站搬遷後，其位於梳士巴利道以南、位置介乎藍煙囪貨倉碼頭和天星碼頭之間的用地，應該改建為讓市民休閒康樂的公園。Kinghorn 對此建議反應正面，承諾向城市設計處反映沙利士的這項建議。[13]

1970 年，尖沙咀街坊福利會向市政署建議在藍煙囪貨倉碼頭原址及附近位置興建能容納 50,000 名觀眾的室內體育館，館內設施包括游泳池及運動員宿舍。街坊福利會解釋，這不但是滿足市民康樂需要的「必然」之舉，而且亦針對《1966 年九龍騷動調查委員會報告書》的建議，體育館能夠提供「健康的休閒設施予年輕人去發泄過剩的精力。」[14] 然而，市政署的回覆雖然有強烈的意見認為九龍區十分需要合適的足球場館，但要在尖沙咀這中心區域實施街坊福利會一系列興建體育館、市政中心、游泳池場館以至小型地區性宿舍的建議並不理想，所以反建議應該將上述的設施分散興建於東九龍和觀塘等迅速發展的地區。[15]

1966 年 2 月 1 日，沙利士再次在市政局的會議上追問 Kinghorn 關於城市規劃委員會是否接納該局關於舊尖沙咀火車站完全發展為公園及不興建任何建築物的建議，Kinghorn 回覆指出大綱草圖只將上述用地的 64% 面積規劃為可以包括公園在內的開放空間（open space），另外 36% 則為政府、機構和社區用途用地。因此，Kinghorn 認為如果沙利士或局中任何議員希望將上述用地完全作為開放空間用途，可以在下次市政局會議上提出並討論。[16]

九龍居民協會（Kowloon Residents Association）亦同樣支持興建公園的建議。1966 年 3 月 14 日，九龍居民協會舉行會議商討政府提出的《尖沙咀分區制大綱草圖》計劃。與會者建築師 David Crowe 指出政府計劃將尖沙咀火車站和尖沙咀巴士總站一併搬至計劃興建的紅磡海底隧道附近，並且興建紅磡渡輪碼頭並不可行，不但無可避免使紅磡地區交通嚴重擠塞，同時亦會令天星碼頭一帶因上述的搬遷計劃而重新發展為商廈,變得更像石屎森林。因此,九龍居民協會認為應該將舊尖沙咀火車站原址闢為公園。[17]

最終,1967 年 11 月 7 日,港督會同行政局通過新修訂的尖沙咀發展大綱草圖,涉及總面積達 178 公頃,並決定其發展範圍不涉及未來海底隧道以東的區域。[18] 草圖將原來規劃 39.8 英畝的「開放空間」用地增加至 50 英畝,當中有不少來自舊尖沙咀火車站部分原來住宅 / 商業用途的用地。這使原來佔地差不多 10.7 英畝、估計可建面積達 150 萬平方呎的舊尖沙咀火車站用地中的 7.7 英畝劃為「開放空間」用途,其餘則有不少面積成為梳士巴利道改道及擴闊天星碼頭行人通道。[19]

在是否拆卸舊尖沙咀火車站的問題上,輿論與港府持不同的意見。在完成上述九龍居民協會的會議後,David Crowe 向記者提出不應拆卸舊尖沙咀火車站的理由有五:第一,在建築學而言,尖沙咀火車站鐘樓以世界水平論是優秀的建築物;第二,尖沙咀火車站大樓物料堅固,仍可以使用長遠的時間;第三,鐘樓為磚石建築,與當時香港其他建築物迥然不同,如果要模仿興建類似的鐘樓,所費不菲;第四,從審美角度看,尖沙咀區建築都是平頂設計的,需要有鐘樓作區內的點綴;第五,拆去具歷史性建築物等同是抹去了屬於香港歷史的一項紀錄。[20] 1970 年 1 月 4 日的《南華早報》(South China Morning Post)社論認為應該保留舊尖沙咀火車站鐘樓和火車站主樓正面富有特色的外牆,在其後面興建當時區內所缺乏的博物館、藝術館或表演場地,並且在附近地點提供足夠的泊車空位。[21]

實際上，在拆卸火車站大樓這一決定上，市政署和工務司署有共同的意見。工務司署署長麥當勞（D.W. McDonald）曾致函回覆香港建築師學會在《南華早報》支持保留整幢火車站大樓的公開信，指出以香港的標準，大樓並非年代久遠，因此懷疑市民大眾會否認同學會所標榜該大樓的歷史價值。他將此函同時寄給《南華早報》和《香港虎報》，希望它們在撰寫相關社論時，能夠多合理反映公眾對應該拆卸大樓的真實意見。[22] 然而，其後署名 Transit 的讀者去信《南華早報》，質疑工務司署署長麥當勞在香港居住時間不長，以致他無法了解尖沙咀火車站在歷史和文化上的重要性。Transit 在信中指出當初火車總站聳立在九龍半島最南端的重要性：第一，象徵香港政府對九廣鐵路及其連接的中國鐵路網的貿易路線投下信心票；第二，成為溝通東西方的重要橋樑，中外商人、傳教士、遊客和居民可在這裏前往中國內地，從而大力加強了中港文化和經濟的連繫；第三，半島酒店毗連火車總站，讓通過鐵路來往中國的旅客可以舒適地休息，直至他們登上前往北美和歐洲各地的加拿大太平洋輪船公司和鐵行輪船公司的郵輪。[23]

1970 年 5 月，尖沙咀街坊福利會先後去信政務司和市政署署長表達保留鐘樓的意見，指出鐘樓本身遠超尖沙咀火車站的歷史，早於 1861 年便作為報時大鐘聳立在中環畢打街，後來因為要擴闊該街道的關係而遷往尖沙咀火車站。作為香港的地標，尖沙咀火車站鐘樓在無數雜誌和明信片裏出現，對遊客和市民有無盡的吸引力，所以街坊福利會斷言其聲譽實際超過山頂、獅子山、維港夜景及本地任何古蹟。該會進一步建議，如果能夠保留整座火車站大樓則更好，否則至少保留連接鐘樓的橫向走廊的一至兩層作為細小的博物館，以展示尖沙咀面貌的舊照片、歷任港督照片及其功績，以至重要的事件如彌敦道開幕、愛丁堡伯爵主持伊利沙伯醫院的開幕，以及安妮公主主持瑪嘉烈醫院的奠基禮等。[24] 1970 年 6 月 26 日，署理市政署署長 A.T. Clark 更去信輔政司，強調保留鐘樓的重要性：[25]

> ⋯⋯毫無疑問這裏有多少情感力量影響以致認為需要保留鐘樓，不是由於它是殿堂級建築物，而是它留存一段很多人在此登上火車前往倫敦的歷史記憶（historical memory）。它可以結合一些公眾或私人不同康樂設施的形式，以此成為歌劇院或會議廳美好的入口裝飾。
>
> ⋯⋯這件事（保留鐘樓）會否將會成為公眾意見和反應的試金石？假設這裏有足夠的公眾意見支持保留這座地標，即使這種意見建基於一種純粹的情感因素。「拯救我們九龍的鐘樓」並未如歌劇般去呼籲阻止卡蒂薩克號（*Cutty Sark*）被拆件變賣那麼震撼人心，但誰會知道可能並非所有人都鐵石心腸，只按頑石不靈、鐵石一般和不能變通的路線行事。

Clark 提出一個可能性：歷史建築可以成為現代文康設施有機的結合體。既然位於倫敦英國泰晤士河畔、世界現存最早的古帆船卡蒂薩克號可以保存下來並活化成為博物館，那麼位於尖沙咀海濱的鐘樓又為什麼不能成為博物館和演講廳的入口地標？

在當時的香港，集體記憶（collective memory）這一概念尚未流行，但有人開始提出尋找身邊的建築物與香港市民以至過客歷史記憶的連繫，在當時不啻是新穎的想法。上文提及的「歷史記憶」是否等同於「集體記憶」？當記憶由「個人的」邁向「集體的」，歷史有着重要的角色。美國歷史學家 Susan Crane 說明了歷史建築、個人記憶和集體記憶的關係：「我們堅持說明記憶是『集體的』，這假設回憶的活動是有其實在的位置……然而，上述的努力完全沒有針對這一事實：集體記憶最終歸結於每一個個人而非遺址本身。所有陳述、所有遺址和所有文字仍然維持為客體，直至它們被『閱讀』或每一個個人以歷史的視角對它們進行思考。」[26] 歷史（history）和集體記憶有其共同特點：維持穩定的形式，但會隨時間推移而有所改變。如果要為兩者作細分，前者是歷史學者作為群體去描述歷史事件發展的產物，了解歷史事件的複雜性，並且以抽離感和多角度去審視事件主人翁的動機和行為背後的模糊性；後者則是大眾作為群體就特定屬於大眾的建築物或活動進行描述的產物，只從單一角度看待歷史，並且不接受任何具模糊性的看法，將事件簡化為「神話的原型」（mythic archetypes）。[27]

1977 年 6 月 13 日，《南華早報》讀者 Stuart R. King 來函提出保育舊尖沙咀火車站的重要性。他指出當時世界各地已愈來愈重視保育舊建築並賦予可持續的功能，而非單單將之保留為紀念遺址（monument）。這不只是世界的經驗，King 認為香港已有成功的例子，如半島酒店、淺水灣麗都綜合海濱娛樂中心（Lido）和山頂爐峰塔餐廳。當然，亦有失敗的例子值得警醒：如第三代郵政總局，沒有需要地以進步之名遭拆卸。此外，旗杆屋、美利樓、域多利兵房、尖沙咀警察總部及小山、海事處大樓、喇沙書院和淺水灣酒店這些公有或私有的歷史建築物亦面臨拆卸的威脅。在外國，上述的建築物會有特別的法例禁止拆卸，即使當中牽涉大量的保育費用，但為了公眾利益亦在所不惜。因此，King 認為當局沒有足夠的理據去拆卸火車站，其用地有足夠的空間去容納新的文化中心。要達至舊建築風格與文化中心新用途的共融，這正考驗建築師的功力。King 認為應邀請政府以外的建築師參與這項目的設計，並仿效英國建於 14 世紀哥德式的高雲地利座堂（Coventry Cathedral）在戰後通過設計比賽挑選重建方案的做法，這樣便可以保存舊火車站的新古典建築，同時可以容納文化中心所需要的創新元素。[28]

即使後來古物諮詢委員會在 1977 年認為需要保留上述鐘樓和火車站主樓的外牆部分，但市政局立定決心興建具現代感的文化中心，完全反對保留舊尖沙咀火車站包括鐘樓等全部或部分建築構件，認為委員會只是從歷史因素考慮是否保留火車站建築部分，並不像他們全盤考慮相關美學、設計、用途、維修開支等因素。市政局更表示完全認同政府建築師的意見，如果保留舊尖沙咀火車站任何部分或外牆建築，「將嚴重地與文化中心的視覺完整性格格不入，而將鐘樓保留，只會是單單保存下來而已，完全沒有任何正面發揮功用或設計的原因。」有趣的是，對於保留與香港歷史相關且具意義的建築的貢獻，市政局亦引用例子作出辯護：最先呼籲保留稱為「旗杆屋」的三軍總司令官邸，並以財力和人力支持香港考古學會的工作。[29] 同年 5 月 3 日，市政署署長更告知工務司署署長，認為拆卸火車站大樓「愈快愈好」。[30]

古諮會主席 Brian Wilson 無法同意市政局功利的想法：「拆除整個（火車站）將是十分錯誤的，作為 60 年來接載無數旅客進入中國的要道」、「（火車站）代表人們與歷史的連繫。」因此古諮會堅決要求港督麥理浩（Murray MacLehose）保留尖沙咀火車站的外牆、門廊和鐘樓。鐘樓尤其重要，它見證着香港的歷史：日佔香港開始時，鐘樓曾停止運作，直至 1945 年 10 月 2 日，加拿大軍艦安大略號（Ontario）的工程人員復修零件，鐘樓才可以繼續運行報時。[31] 鐘樓除了有報時的實際功能外，正如香港文物學會（Hong Kong Heritage Society）的分析，報時本身就有其歷史作用：第一，提醒我們在過去的時間裏，火車站是前往北京這趟長途火車進入中國旅途的門戶；第二，提醒我們歷史在今天的日常生活中仍存在一定角色；第三，更好地給予我們對居住在這裏的歸屬感；第四，這對香港十分重要：尤其是這裏的生活經常被短期利益所影響，而現今缺少了對未來下一代的（歷史）責任感。[32]

曾在尖沙咀區服務的退休警員林建強批評港英政府拆卸尖沙咀火車站大樓、只剩下尖沙咀火車站鐘樓的決定，雖然鐘樓仍是尖沙咀標誌性的建築物，但火車站有它存在的意義，把它活化成博物館總比拆卸好。[33] 然而，根據 1975 年《英文星報》（The Star）進行的一項街頭調查顯示，當時大部分香港市民認為並無必要保留整座舊尖沙咀火車站大樓，興建現代的文化中心更有用處，保留具歷史特色的鐘樓便已足夠。[34] 1977 年再有報章分析指當時香港 470 萬名市民並無興趣保留尖沙咀火車站和鐘樓，他們當時的價值觀仍認為，通過拆卸舊建築去興建現代摩天大廈來賺取大量利潤是完全沒有錯的。[35] 由此可見，當時市政局及大部分香港市民對保留舊尖沙咀火車站這座對普羅市民日常生活和集體記憶有重要價值的歷史建築物缺乏任何興趣。

1970 年代中拆卸前夕的
尖沙咀火車站，可見鐘樓
為火車站的組成部分，成
為戰後香港明信片主要取
景的對象之一。（蔡思行
藏）

舊尖沙咀火車站拆卸後，
香港文化中心尚未建成，
尖沙咀鐘樓孤伶伶聳立在
尖沙咀海濱。維港對岸可
見第四代香港滙豐銀行大
廈正在興建時為 1980 年
代中。（蔡思行藏）

保留（preservation）是什麼意思？《香港虎報》（*Hong Kong Standard*）的一篇文章有這樣的解釋：「保留的行為就是創造（creation）的行為。決定這些保留、那些拆除所花費的時間與選擇這些興建、那些不興建花費的不遑多讓。它們的效果是一樣的：一種觀感或依附性的延續是保存還是保留下來。這些決定不應輕易決定下來，或者用專橫的態度去處理，因為其後果遠大於金錢或榮耀本身。」文章更進一步以文化遺產（cultural heritage）和集體性（collectiveness）去解釋上述金錢或榮耀之外的後果：「是否國家級地標可以轉換為單單一個陳舊名詞如『文化遺產』？實際上什麼是文化遺產？它的價值在哪裏？要了解一群人如何從一種語言、一個神話或一處地方——美術或建築傑作的集體知識（collective knowledge）——去獲取某些東西，去了解這些東西怎樣塑造他們成為一個群體，而不是隨機搜集關於他們不同的慾望和意圖。加強這種集體性及這種同理心，就是對社會最好的貢獻和創造最真實的作用。……如何辨別真正的政治領袖，在於他們的行為有沒有加強社會團結和道德的元素，而不是努力去追求『進步』（progress）這種最終令社會失去興趣和走向失敗的價值觀。」[36]

其後，當局公開展出文化中心設計模型，當中保留鐘樓的部分引起不同人士的反響。有些人不無主觀地認為，呼籲保留尖沙咀火車站的人士從來沒有在火車站大樓內待過，才會說要保留火車站，指出應該要徹底拆除這些「假古蹟」（fake heritage）：「……又如舊尖沙咀火車站，它是非常老舊英式的紅磚（對英國老鬼來說十分順眼，可能），抄襲自更早期的火車站建築——它只興建在本世紀初，但其設計風格卻可追溯至 1840 年。這裏，在這中國城市，這是巨大的格格不入，是一種侮辱……」[37]「假古蹟」與否乃見仁見智，但這裏必然牽涉美學的判斷，但美學是主觀的，尤其是對一般人而言。香港文物學會在 1977 年給予港督麥理浩的請願信中，十分清楚地解釋建築、美學及歷史個人情感定義與是否保留火車總站大樓的關係：[38]

> 建築（architecture）：「建築與單純的建築物（mere buildings）的分別在於，它是屬於美學為基礎的科學，其價值並不容易被量化」、「這很容易否定尖沙咀火車總站為一大堆已經過時的亂石，但如果以一個比喻來作比較，在古董勞斯萊斯和破舊迷你車之間始終能找到分別。其重點在於『認識如何去賞識』。」

> 美學（aesthetics）：「美學本身並沒有可以去爭議的基礎存在，因為每部史詩有其本身美感的定義，而美感只能存在於旁觀者眼中。種類與風格可以並不相干，因為對人類而言，質素超乎國界限制。形容火車站為新古典復興主義建築的標本——一些宏偉的古典建築可以適用。另一些人指出這種風格在今日的中國大陸仍然借用，更有些指出這種風格與香港其他建築比較，已經沒有什麼外國元素殘留下來。」

> 歷史及個人情感（historical and personal sentiments）：「歷史和個人的情感亦難以量度，雖然明智者已經發現這些情感正是給予其所處環境煥發光彩。」

綜合上述的因素，學會認為保育舊火車站已經超乎金錢的考量，因為「這樣『手造』的建築物以任何代價均無法重現一次。」學會更引用時任英聯邦建築師協會（Commonwealth Association of Architects）秘書長訪港時表達的意見，認為身處天星小輪碼頭望向火車總站大樓，其外觀「較像市政廳多於火車站。」假如這樣做有任何去殖民地化的政治考量，學會認為拆卸火車站大樓不會去除殖民主義，而只會奪去香港市民祖父輩以大量時間、技藝、金錢和心血去塑造的罕有遺蹟。[39]

有人則認為即使香港文物學會上書英女皇要求保留尖沙咀火車站以失敗告終，能夠保留鐘樓只是階段性勝利，社會人士應該要與港府及市政局磋商未來保育舊建築的計劃，避免重演保育舊尖沙咀火車站所引起的長期紛爭，以及只能和火車站說聲「安息」（may it rest in peace）的結果。[40]

香港社會保留尖沙咀火車站的呼聲引起土生葡萄牙籍植物學家 Gloria Barretto 的注意，她分別致函《香港虎報》和《南華早報》表示擔憂，對拆卸整幢尖沙咀火車總站大樓後，在沒有大樓支撐的情況下，鐘樓如何在結構上獨自聳立在原處提出疑問，工務司署的政府結構建築師便回應指承建商在完成鐘樓內以混凝土搭建的鞏固工程前，不會拆卸火車總站大樓。[41]

香港文物學會在上書英女皇失敗後並沒有氣餒，在 1977 年 7 月 29 日繼續將請願信上交港督麥理浩，希望港督能聆聽他們保留火車站的訴求。他們要求港府委任獨立的建築師或具國際聲譽的規劃師就保留火車站與否進行獨立調查，以確保：第一，所有政府部門、市政局、古諮會、其他持份者和公眾的意見可以公平公開地交流，以得出有足夠資料支持的決定；第二，尖沙咀半島一角的研究可以考慮和結合以下的發展計劃：（1）保育尖沙咀火車站大樓；（2）保育尖沙咀水警總部大樓及其小山；（3）上述建築物採用的新用途須切合保育的規劃。學會進一步以子之矛、攻

子之盾地去解釋保育火車站的必要性：「由於政府積極鼓勵
並營造香港歸屬感，所以現在香港對文化和歷史的興趣與
日俱增。因此，這些建築物進行保育（conservation）的重要
性高於它們的拆卸決定。」[42]

　　此外，學會亦不同意市政署、工務司署否定火車站
大樓的建築特色和實際用途，指出香港建築師學會（Hong
Kong Institute of Architects）也認為火車站大樓值得保留。
香港文物學會表達了幾點看法：第一，文化中心的規劃仍
停留在草圖階段，並非不能更改；第二，尖沙咀有足夠的
空間容納規劃中的文化中心，尖沙咀火車站大樓及尖沙咀
水警總部大樓事實上可以保留；第三，現在有足夠的時間
去規劃如何保育這些舊建築和加入新設計元素，對於建議
中將火車站用地改劃為巴士總站只處於初步規劃的階段，
亦無迫切的實行需要；第四，尖沙咀火車站大樓的用地尚
未撥給市政局管理，尖沙咀分區制大綱草圖中關於火車站
大樓和文化中心用地規劃未經城市設計處及港督同意；第
五，1976 年 8 月，運輸署已反對草圖將巴士總站搬往火車
站原址的建議，認為有礙轉乘巴士服務的便利；第六，尖
沙咀火車站大樓必須整體地保留，鐘樓為其不可分割的一
部分。因此，只保留鐘樓的話，將去除其原本三個方向的
建築完整性，改頭換面則無可避免，而這正正破壞了這幢
鐘樓建築的作用和建築風格；第七，尖沙咀水警總部大樓
所處小山、草坪和能夠乘涼的老樹應完好保存下來，這樣
便不需要大量開支便可以改為休憩公園，並能配合未來文
化中心的景觀，將受到遊客和演唱會觀眾的歡迎。最後，
尖沙咀火車站大樓的保育應該建基於歷史、建築風格、文
化和情感的因素。因為大樓是「香港的地標和象徵。它能觸

動香港人、九龍市民、新界人及外籍僑民。」當然，火車站大樓不只有歷史和文化的價值，學會認為大樓仍有兩種實際用途：第一，火車站大樓可以作為未來九廣鐵路尖沙咀段變成地下行駛、連接過海地下鐵的出入口，使之成為集天星碼頭、文化中心、地下鐵、地下化九廣鐵路和巴士總站於一身的交通樞紐；第二，太空館的興建開支預算已由 1,700 萬港增加至 4,000 萬港元，政府和納稅人不知將要再付出多少和是否願意承擔整個文化中心興建的開支，所以政府應認真考慮重新使用結構完整的舊火車站大樓的可能性。[43]

九廣鐵路由紅磡站至尖沙咀路段進行地下化的計劃，實際上九廣鐵路已於 1974 年提出，原因在於紅磡站不足成為「地下鐵路或一如尖沙咀般作為前往中環渡海小輪中轉站」的角色，而在興建文化中心的同時，保留尖沙咀火車站大樓作為未來地下化九廣鐵路的車站，可讓新界的市民無須改變他們以往的交通方式便能抵達尖沙咀。此外，在海運大廈登岸和來自尖沙咀區內的酒店遊客如要前往中國內地，可以避免長途跋涉前往紅磡站乘搭火車。[44]

雖然港府在處理保育尖沙咀火車站方面顯得鐵板一塊，但在一件事情上卻處事靈活：1977 年正值「香港時裝節」舉辦十周年，活動在 3 月 5 日起一連七天在怡東酒店和香港會議中心舉行，共有 205 個參展商，當中來自美國三藩市的 Esprit de Corp 及其香港貿易伙伴 Impulse Trading Company Ltd. 正是參展商之一。他們發現尖沙咀火車站因拆卸工程延誤而尚未拆卸，因此特別通過公關公司致函港府物業管理組，希望能夠在 3 月 7 日租借火車站大樓地下，邀請「香港時裝節」的參與者出席休閒的派對，並聘請舞者作時裝跳舞表演，由晚上 9 時至午夜播放時尚的音樂，場內更提供美酒佳餚，並有香港本地雜技、看面相和寫大字等表演。這些活動自然是為該公司宣傳正面的形象：「創新不忘舊品味，年青不忘古老歷史」，而這正好與舊建築尖沙咀火車站相配合，而其形容為「對舊火車站極好、感觸而開心的送別」。這樣別開生面的建議居然在兩日內獲港府答允，無怪乎該公司的新聞稿特別點出這次盛事是「一次致敬，最後一次開心的活動去和我們在香港所喜歡的、工作的、熱愛的地方說再見……」[45]

　　1977 年 4 月 25 日，古物諮詢委員會就尖沙咀火車站保育方案通過大比數的決議：第一，舊尖沙咀火車站牽涉公眾利益，由於它自 1916 年 3 月 28 日對公眾首次開放以來，成為大量乘客前往中國的門戶及前往歐陸鐵路的東方總站，具有重要的歷史價值，所以委員會建議保留火車站部分原來的構件；第二，由於火車站的紅磚牆區域成為未來文化中心必要的用地，所以並無需要保留整個火車站（尤其是當中包含價值不高的地方如售票大堂、辦公室），所以只需保留花崗岩支柱、門廊及部分磚牆和鐘樓已經足夠。而這些被保留的構件位於文化中心建築以外，將不會構成發展上的問題。翌日，市政署署長去信新成立的環境保護組，希望後者能引用《古物及古蹟條例》獲得港督的同意宣佈舊火車站的石柱、門廊和鐘樓為法定古蹟。[46]

　　1977 年 5 月 24 日，港督麥理浩同意不保留尖沙咀火車站外牆建築部分，但決定暫時保留鐘樓，並以公帑支付所需要的維修開支，以便讓市民在文化中心建成後才決定鐘

樓是否能夠在視覺上與文化中心建築群和諧共處。[47] 1979 年
5 月，工務司署花費了 58 萬港元和九個月時間完成鐘樓的
修葺工作，並且解決了以往該鐘樓四面大鐘顯示不同時間
的問題。[48]

　　1977 年 6 月 24 日，古物諮詢委員會建議在舊尖沙咀火
車站需要拆卸的情況下，應該努力保留火車站大樓外牆的
花崗岩支柱以作他處之用。[49] 不過在尖沙咀火車站拆卸期間
保留鐘樓而不損毀並不容易，即使要保留火車站外面走廊
的圓型支柱亦不簡單。1978 年 6 月，合興建築公司致市政
署的標書中便訂明需要 48,000 港元去拆卸上述八條支柱，
但同時聲明不能確保這些支柱和連接的腰線（friezes）在拆
卸期間完全不會損毀。[50] 1983 年，已拆卸五年的舊尖沙咀火
車站所保留的六條高 11.5 米、寬 90 厘米的古典圓型支柱重
置在尖沙咀東部的市政局百周年紀念公園內。該公園在同
年底啟用，與中間道兒童遊樂場和尖沙咀海濱公園連為一
體，成為尖沙咀海濱和相接區域重要的休憩康樂設施。[51]

　　市政局十分堅決興建文化中心，早於 1968 年便計劃在
尖沙咀興建一座可以與港島區的香港大會堂相比擬的文娛
館（後稱文化中心），先後計劃選址在舊威菲路兵房和未來
紅磡火車站上蓋，最終在 1972 年 11 月完成的調查決定在
尖沙咀火車站原址興建。[52] 市政局主席沙利士在 1974 年提
出興建的理由：「除了麵包之外，市民亦需要精神食糧。」
實際上，早在 1970 年，香港旅遊協會便委託倫敦交通及旅
遊技術有限公司編製報告書，提出興建文化中心的原因。
報告書指出，文化中心除了為市民提供精神食糧外，更有
幾點好處：第一，提供設備吸引更多的集會；第二，增加

香港舉行世界性會議的機會；第三，舉辦國際性展覽和貿易會議，提供大量外匯和貿易收益；第四，加強香港作為商業、生產及出口中心的地位。市政局亦決定如果缺乏港府的資助，興建文化中心的計劃將分十年完成，每年負擔的開支約為 2,500 萬港元，應該是市政局能夠籌措的金額。[53] 換句話說，市政局當初並非純粹以文化推廣作為文化中心的定位，實際上希望該中心兼具會議展覽中心的功能。

雖然當時社會以至香港建築師學會對市政局興建文化中心的決定多表贊同，但對於市政局最終不舉行公開的文化中心建築設計比賽以決定文化中心最終的建築風格，而

從舊尖沙咀火車站重置於市政局百週年紀念公園的古典圓型石柱，背後為半島中心（2019 年 2 月攝）

是由工務司署建築事務處設計的做法有所非議。《英文星報》（*The Star*）引用當時有名的建築師李景勳的意見，認為應該讓國際評審團去決定由本地建築師設計的優勝方案。該報進一步指出雖然一般人正如市政局所言對現時建築事務處的建築設計並無不滿，但如果他們看到第四代郵政總局的設計，與由私人建築師設計、富有紅磚特色的第三代郵政總局比較，一般人應該較認同那一個設計更切合中環海濱和太平山的氛圍。[54]《南華日報》甚至批評「給予世界上如此富有風情畫的臨海用地，所有建築卻只能提供每一個幾乎一樣的石屎方塊拼湊而成的建築方案。」這對打破當時私人發展商在香港興建一座座缺乏個性的建築物所帶來的沉悶感並無益處。[55]

1974 年 10 月 15 日，市政局議員麥健時（John MacKenzie）在市政局會議上查詢舊尖沙咀火車站在 1975 年中搬遷後，尖沙咀文化中心包括博物館、太空館和其他相關建築群何時完成興建工程及所需工程費之多寡，時任市政局大會堂事務委員會（The City Hall Select Committee）主席的羅德丞回覆指希望文化中心第一期工程 —— 太空館的興建能夠在 1975 年年底開始，並在 1977 年中完成，預計所費開支為 1,500 萬港元。而粗略估算整個文化中心興建工程在 1980 年代初完成，總開支為 2 億港元。[56] 其後，文化中心的設計方案在大會堂公開展出，市政局主席沙利士形容文化中心的設計猶如「大鵬展翅」（swept-wing），這就是市政局給香港市民的「聖誕禮物」。[57] 1985 年 9 月 5 日，機電工程署總屋宇裝備工程師費怡安（I.A.G. Phillis）在九龍扶輪社午餐例會上對文化中心的建築設計有更清楚的形容，他認為文化中心的建築是「藝術與最新科技結合」，其最特色的地方是中心區域猶如巨型吊床的金屬網，連接文化中心歌劇院和音樂廳的兩個最高點。[58]

當局興建太空館可説是不惜工本，特別與當時西德的蔡司公司（Carl Zeiss Limited）簽訂合約，訂購了最先進可以清楚觀看模擬星象的行星運行儀（planetarium projector）設備，共費 300 萬港元，這正如當時市政局太空顧問赫嘉（Charles F. Hagar）所言，上述的設備令未來香港太空館成為「世界上最優良之太空館之一」。[59]

然而，市政局需要解決文化中心高昂的興建費用問題。當時營運了 14 年歷史的政府獎券基金只合共籌得 5,200 萬港元，即使當時普遍市民理解港府因財困而希望通過發行特別獎券為市政局籌款興建文化中心，但仍屬杯水車薪，可説是並不實際。雖然市政局已動用其資金興建太空館，但市政局多番強調當時預計興建整座文化中心增至 3 億港元的開支應由港府而非由市政局所承擔，市政局會與港府訂立合約，負責文化中心落成後的營運工作。[60]

市政局議員伍秉堅在 1975 年 1 月 14 日舉行的市政局周年辯論大會中認為，文化中心興建工程耗費巨大，在 1970 年代港府備受財赤問題困擾下，實無餘力資助市政局開展如此規模宏大的發展計劃。此外，以當時市政局價值 2.25 億港元的十年發展計劃，當中有 127 個項目，每個項目花費介乎 50 至 2,500 萬港元不等。而太空館只佔文化中心興建計劃的一小部分，便已花費 1,500 萬港元，雖然對醉心香港本地文化的人士並不吸引，但他認為整個文化中心計劃的花費十分值得。因此，他建議將上述十年發展計劃中 30 項不急切的項目，如延遲興建花費 7,000 萬港元的新市政局會議廳，以節省 1.2 億港元作興建文化中心之用。[61]

市政局議員黃肇焯亦在同年 1 月 16 日的市政局周年辯論會議上提出興建文化中心的必要性：「香港早已加入大城市之行列，始而商業，繼而工業，但文化方面又如何？本人相信就此方面，吾人無何足以自傲之處，尋且有引以為愧者，在世界各大城市中，均以種種文化設施為基本要務，而在本港則付諸闕如……故吾人必需在尖沙咀興建文化館。」[62] 因此，另一位市政局議員黃夢花醫生亦強烈反對延期或取消文化中心興建計劃，強調香港的經濟已較其他東亞地區好，所以通脹和經濟不景問題並非阻止計劃進行的合理原因。[63]

連接舊尖沙咀火車站的路軌在 1975 年底開始拆卸，需時 25 個星期，至 1976 年 6 月完成整項拆卸火車站及火車路軌的工程，為尖沙咀重新發展計劃提供 58 英畝的土地，當中有 11 英畝預留給未來的文化中心。[64] 11 英畝當中，有 4.36 英畝從填海得來，而餘下 6.64 英畝則來自舊尖沙咀火車站原址。文化中心共設兩座音樂廳，最大的音樂廳位於臨海位置，能容納 2,500 名觀眾。此外，文化中心建築群亦包括分別佔地 43,000 平方呎和 35,000 平方呎的博物館和藝術展覽館，以及太空館。[65] 1976 年 6 月 24 日，《尖沙咀分區制規劃草圖》修訂完成，市政局主席引述政府首席建築師的意見，同意取消將巴士總站改至舊水警總部大樓山上的原來建議，並將大樓用地改劃為開放空間。同時，政府首席建築師和部分市政局議員支持保留具九龍象徵歷史意義的鐘樓。同年 8 月 25 日，規劃草圖興建時間表公佈，市政局

議員葉錫恩（Elsie Hume）表示支持保留火車站大樓，並認為應該重新規劃以更改規劃草圖的相關規劃分佈。然而，政府首席建築師卻辯稱這項建議將有重大的影響，需要對現時規劃進行全面的修改，在現階段並不可行。[66] 最終港府決定保留連接舊尖沙咀火車站原址的兩個郵政局直至 1970 年代底，而由於文化中心巨額的工程開支並無着落，市政局被迫如期興建太空館，而文化中心其餘部分則延至 1980 年代中才開始興建。[67]

1960 年代的尖沙咀火車站，可見其前方的尖沙咀郵政局（蔡思行藏）

1980 年代中文化中心正
在興建（蔡思行藏）

表 4.1　文化中心規劃至興建時間表[68]

時間	進度
1968 年	市政局構思興建模仿香港大會堂的文化地標建築物
1971 年	文化中心工程獲工務小組委員會加入為「丙類工程」
1974 年	文化中心工程提升為「乙類工程」
1976 年	文化中心一期工程加入「甲類工程」，興建防波堤、填海及文化中心用地的平整工程
1976 年 2 月 11 日	文化中心其中一部分——太空館被納入「甲類工程」
1977 年 7 月 16 日	市政局主席沙利士主持太空館奠基儀式
1978 年	文化中心建築群的興建工程正式被納入「甲類工程」，而藝術館和歷史博物館的興建仍然維持在「乙類工程」，因為它們的用地正被地鐵公司徵用以興建過海隧道
1979 年 1 月 4 日	港督麥理浩主持文化中心奠基儀式

註：「甲類工程」指當局已授權可以繪製興建建築物的施工詳圖，並據此公開招標建商；「乙類工程」指工程的規劃可以開始，即因應工程計劃的需要草擬建築草圖和機械工程施工詳圖；「丙類工程」指工程符合當局的政策要求，或經同意值得採用，可望在三年內被納入「乙類工程」。

尖沙咀天星碼頭巴士總站保留之爭

　　隨着新一代天星碼頭在 1957 年前啟用，其對出的尖沙咀天星碼頭巴士總站的使用率更見上升，所以在 1958 年便有呼聲要求擴建當時的巴士總站，以及擴闊連接巴士站的梳士巴利道路面，以疏導乘搭巴士的人潮。[69] 1963 年，公共交通諮詢委員會（The Advisory Committee on Public Transport）主席簡悅強在委員會一次關於重新發展尖沙咀地區計劃的會議中表示：「初步的計劃，作為討論的基礎，建議興建新的住宅／商業區，以及新的主要幹道去分擔本區和跨區的交通流量。」公共交通的完善是尖沙咀區重新發展

1950 年九龍角，可見尖
沙咀巴士總站旁的九龍貨
倉已經拆卸，正在興建九
龍倉遊客中心。

1950 年代天星碼頭巴士總站，背面可見九龍倉遊客中心（蔡思行藏）

1970 年代天星碼頭巴士總站，九龍倉遊客中心原來位置（圖右側）已改建為星光行
（蔡思行藏）

成功與否的關鍵,因此委員會建議將尖沙咀巴士總站(Tsim Sha Tsui Bus Terminus)的面積增加一半。[70]

　　1970 年 1 月 4 日,《南華早報》社論提出不應為了擴展尖沙咀天星碼頭而拆卸舊尖沙咀火車站及鐘樓建築群,此外,亦無必要讓天星碼頭和尖沙咀巴士總站設置在一步之遙的距離,巴士乘客可以在建議遷至漆咸道的新尖沙咀巴士總站步行約 100 英尺去乘搭天星小輪。因此,社論建議拆卸整個巴士總站,總站原址部分成為天星碼頭擴展的範圍,其餘部分則變成遍植樹木、噴泉和倒影水池的大型廣場。[71] 尖沙咀街坊福利會與《南華日報》的社論持類似的意見。為了紓緩天星碼頭巴士總站和迴旋處交通擠塞的情況,街坊福利會建議在舊尖沙咀火車站原址撥出原來的候車大堂興建新的巴士總站,以停泊來往九龍各區以至新界的專營巴士,並建議可將原來以佐敦道碼頭為總站的巴士路線伸延至該處。[72] 1976 年,工務司署更提出將專利巴士和旅遊巴巴士總站遷往舊尖沙咀警署所處的小山(今 Heritage 1881)上,使尖沙咀巴士總站原址變為花園式的行人專用區。[73] 香港文物學會反對這建議,提出不在小山上興建新巴士總站的四項好處:第一,減少該處原已受地方狹窄問題困擾的車流量;第二,在小山上興建新設施較剷平整座花崗石山以興建巴士總站來得合算;第三,應保留能吸引遊人的小山及山上具歷史感的花園式老樹和舊建築物;第四,可以保留和重用現存吸引和保存良好的舊建築物。[74]

　　拆卸尖沙咀巴士總站的建議並不成熟,1976 年運輸署便指出當時星光行對出的巴士總站共提供 15 條專營巴士路線服務,另有 10 條旅遊巴路線服務於尖沙咀火車站鄰近停車場的臨時巴士總站，合共每日為 100,000 名乘客服務。當中 30,000 名乘客乘搭上述旅遊巴路線前往附近的辦公室、酒店和商舖，當局擔心尖沙咀火車站搬遷後對上述臨時巴士總站帶來的影響，如果再加上乘搭上述專營巴士路線的 70,000 名乘客，以及即將新增來往尖沙咀和愛民邨、何文田和順利邨的巴士路線，關閉尖沙咀巴士總站影響之大可以想像。[75]

此外，舊尖沙咀警署所處小山的用地在 1979 年至 1980 年度才能釋放出來另作他用，所以如果要立即搬遷巴士總站的話，便要先後將臨時巴士總站設在舊尖沙咀火車站沿梳士巴利道部分的不同地段。另一方面，由於預期 1980 年地下鐵路初期系統連接尖沙咀路線開通，預期乘搭天星小輪的乘客會明顯減少，從而削弱尖沙咀天星碼頭作為區內以至九龍半島公共交通樞紐的地位，因此另有建議在九龍公園徑、北京道和廣東道交界設立新的巴士總站。[76] 由於運輸署希望將舊尖沙咀火車站原址興建停泊旅遊巴的交通中心，但鑑於市政局在該址部分地段興建太空館已到事在必行的階段，所以運輸署的建議便不了了之。[77]

2008 年，香港政府再有拆除尖沙咀碼頭巴士總站的計劃，5 號巴士的總站更遷出了尖沙咀天星碼頭。作為巴士迷的陳嘉朗認為此舉會大大影響這個第一個位於碼頭的巴士總站作為香港象徵的生存環境，於是他在社交平台 Facebook 建立「尖碼之聲」的專頁，召集關心尖沙咀碼頭巴士總站遷拆的朋友一起跟進情況，並開始在碼頭收集市民簽名反對拆除巴士總站，又收集及分析車流數據。陳嘉朗其後以交通、歷史文化保育、旅遊和公共空間等四個角度

表 4.2　1978 年尖沙咀巴士總站行走路線資料[78]

路線	繁忙時間班次（分鐘一班）		繁忙時間每小時最少接載乘客人數
	星期一至六	星期日及公眾假期	
2C：來往大坑東邨	10	12	420
5：來往彩虹	4	4	1,800
5A：來往九龍城	10	停駛	480
5C：來往慈雲山（南）	6–7	7–8	792
8：來往愛民邨	7–8	7–8	720
25：來往啟德機場（貨運站）	12	停駛	465
201：來往啟德機場	15	15	168
203：來往慈雲山（北）	10	停駛	252
211：來往觀塘：裕民坊	10	10	252

分析巴士總站的重要性，並在 2009 年於越南河內舉行的第十二屆 Forum UNESCO: University and Heritage 發表。「尖碼之聲」通過巴士導賞團、網台節目、拍片、街頭展覽、請願、一人一信、聯繫議員、巴士站一人一相、掛絲帶等行動爭取市民的支持。雖然政府三次刊憲拆除巴士總站，但由於每次都有過萬個反對意見，因此 2012 年政府終撤回拆除計劃。[79]

1881 Heritage 的活化

　　1869 年，第一代的香港水警總部是從鴉片商阿當斯（John Adams）的船隻改建而成，停泊在維港沿岸。但在 1884 年毀於火災後，第二代水警總部在 1884 年 12 月 19 日在尖沙咀海濱現址興建,在填海前便在維港岸邊,與天文台預告天氣和海運有密切的關係。水警總部設立風球信號桅杆和颱風炮,發射一次、兩次和三次分別提供大風(gale)、風球(typhoon)和大風期間風向轉變的警告訊息。然而,由於颱風炮在輪船送抵信件時亦會鳴放一次,所以在當時香港造成不少訊息誤會的情況。此外,水警總部設有 84 英尺高的時間球塔(time ball tower),每日下午 1 時懸掛訊號以通知在海港行駛的船隻。[80] 1941 年日軍攻港,佔領九龍半島後便在總部所在的小山架設槍炮,炮轟維港對岸,為其之後港島登陸戰作準備。淪陷期間,日軍更於小山挖掘山洞作防空洞用途。1960 年,鑑於銅鑼灣東角日漸發展,怡和洋行在該處海邊燃點六磅重的午炮被投訴製造過大噪音,因此該支使用了 16 年的午炮移師至總部大樓前安放,而怡和洋行則換了一個水警輪上只重 3 磅的槍炮作上述用途。簡言之,第二代水警總部大樓見證了香港過百年的歷史故事。[81]

在尖沙咀警署建成前,第二代水警總部大樓亦曾同時作為尖沙咀警區的總部。[82] 來自英國利物浦、1959 年在香港仔水警學堂畢業後曾擔任 11 年水警工作的 Paul Dickinson 雖然大部分時間都在水警輪上執勤,但亦曾多次於尖沙咀第二代水警總部出入。據 Dickinson 的回憶,水警總部不只是水警高級警司(senior superintendents)、警司(superintendents)和總督察(chief inspectors)辦公的地方,亦是普通水警(crew)換更、儲存落更用私人用品、拿取器械的地方,而且更有專為落更水警服務的酒吧,當時俗稱為 "Mariners Rest"。Dickinson 對於發展商保留第二代水警總部主要建築物感到滿意,尤其是對於活化成 Boutique

20 世紀初的尖沙咀海濱，可見位於相片中間位置的第二代水警總部為群樹包圍。（蔡思行藏）

Hotel 內設有同樣名為 "Mariners Rest"、有舊水警輪等相片裝飾的酒吧感到欣慰。[83] 換言之，第二代水警總部不只是執行公務之所，更是戰後香港警察社交聯誼的好地方。曾在水警不同部門工作的 Ross Mitchell 回憶，水警的不同部門每個月都會在總部舉行工作會議，會議完成後便會乘機品嚐在 Mariners Rest 逢星期五下午供應的印度咖喱，配以啤酒實為一絕。而尖沙咀警區及港島警區工作的警察亦會在星期五下午特別前來，合共 35 至 60 多人一起享用美味的咖喱及大樓外令人愜意的花園美景。[84]

　　曾在水警不同部門工作的 Ross Mitchell 認為，第二代水警總部有着「殖民性」的特質，與香港早期興建的警署如大澳警署一樣：興建在小山上，以便更好地監察和防衛本地人可能發起的攻擊，地下一般是一分為四的大房，頂樓則開闢為居所，這種設計與以往 19 世紀英帝國各殖民地興建的警署並無二致。[85] 另一方面，第二代水警總部栽種的樹木，是在 19 世紀和 20 世紀之交熟識園林種植的水警指揮所設，他花了很多精力向英帝國及其他地方輸入所需樹種的種子，並移植至水警總部栽種。因此，1970 年代總部大樓便可見到來自紐西蘭印度旁遮普的灌木、太平洋島國和印度洋的棕櫚樹及馬來亞的藤樹，成為過往日不落帝國匯聚全球的縮影。[86]

在 1976 年建議把尖沙咀天星碼頭巴士總站遷至第二代水警總部前，便有人建議仿效訊號山公園，將水警總部活化為公園，並興建行人天橋連接鄰近的海運大廈及半島酒店，但這建議因上述重置巴士總站的計劃而擱置。署名 Ever Hopeful 的讀者曾致函《南華早報》，指出水警總部位處的小山是堅實的石塊，當中部分石材曾被剷去用作興建九龍公園徑便可見一斑，如要剷去整座山，將為工程帶來不少困難。此外，該名讀者認為如果能夠盡早喚起大眾對這座香港少有保存完好的歷史建築物的興趣，將能夠從政府堆土機中拯救這座建築物，並將之闢為公園，總部大樓將可以改劃為學生學習室、水警博物館以至餐廳等。[87] 翌年 8 月 15 日，Ever Hopeful 再次呼籲保留第二代水警總部大樓及小山，並提三點論據：第一，如剷平小山興建新巴士總站及其上蓋的住宅及商業用途的高樓大廈，將會破壞尖沙咀的天際線，並且與鄰近的半島酒店和香港基督教青年會總部的建築風格不協調；第二，現時廣東道九龍倉轄下的眾物業進出頻繁的車流已經危害了道路行人的安全，如果在上述用地興建巴士總站，只會進一步危害梳士巴利道以北行人的安全；第三，更重要的是總部大樓的歷史價值：「沒有人可以否定一座在 1884 年前已經屹立而維持極好狀態的建築物是十分重要的遺跡（relic），而且應該開放給所有

人參觀。」[88] 總部大樓不只是歷史悠久，更是當時尖沙咀區唯一保存下來的維多利亞時代晚期的建築物。[89]

　　保留歷史古蹟和進行發展好像是無法共存的價值觀，如果發展是為了改善市民的日常生活的話，上述的價值觀是否必定存在矛盾實存在疑問。《南華早報》一篇名為 "Keeping Our Heritage Green" 的讀者來函表達了上述的觀點，香港文物學會創會會員 Patricia Penn 亦認同該函的看法，她認為保育過去一些有價值的元素是為了正面地改善今天的生活質素。她亦表示香港文物學會不只追求保護香港殖民地色彩的舊建築，也包括中式建築，以及天然和人為的園林景觀。她認為第二代水警總部不只有殖民地色彩的建築物，其所處的綠色小山為香港這個擠迫城市提供不可或缺的綠洲，這亦是文物保護者覺得重要的遺產（heritage）。[90] 根據該學會和長春社在 1979 年的調查顯示，該用地至少有 20 種樹木供大量的雀鳥棲息。[91] 香港文物學會會長羅素（David Russell）進一步指出，該用地具有如皇后像廣場在中環的休憩康樂用途，加上該用地位處遊客黃金地段，應該保留下來，為鄰近高樓大廈提供額外的休閒空間。長春社認為如果真的需要更多商業的發展，則可以轉移至尖沙咀東部。[92]

署名 Archaeologo 的讀者認為如果歷史博物館和科學館最終不會落戶文化中心的話，可以改為設立在第二代水警總部大樓內。總部大樓所處的整座小山可以成為尖沙咀上班人士和遊客「休憩和康樂」（rest and recreation）的用地。Archaeologo 不無諷刺地指出小山和總部大樓具有怡人的自然和人文特色，需要更「明智」地使用，而非單單為了「天保佑我們」（Heaven help us）的另一個紅磡式「交通總站」而將之摧毀。[93] Archaeologo 鍥而不捨地要求當局保留總部大樓和小山，多次刊登讀者來函反對剷平該地以興建新巴士總站。Archaeologo 指出既然九廣鐵路已將紅磡變為交通樞紐，那麼只需要將天星碼頭巴士總站遷至新紅磡火車站，並營運幾條來往火車站至尖沙咀或天星碼頭的路線，便可以解決問題，而無須動總部大樓和小山的主意。Archaeologo 認為當局不實行這方案，而是決定剷平小山興建新巴士總站，這顯然不是真正的目的，真正目的是該用地會在 1977 年改劃為住宅及商業用途，而在巴士總站上蓋興建商住大廈所帶來的龐大收益才是當局的真正考慮。[94]

Archaeologo 的指控迫使城市設計處來函回應，指總部大樓及小山早於 1967 年 11 月 7 日由港督會同行政局批准

改為住宅及商業用途，並且在 1976 年 7 月 2 日公開展覽新
修訂尖沙咀分區制大綱草圖 LK 1/56，期間沒有收到公眾任
何反對意見，只有運輸署署長提出須在上述用地加入公共
運輸站的設施。鑑於尖沙咀天星碼頭廣場交通擠塞，而預
期文化中心及太空館落成後又會帶來的額外車流，所以城
市設計處才決定在發展商住綜合大樓的同時，在其底層加
入公共交通站的設施，並且計劃將天星碼頭巴士總站改劃
為「開放空間」。[95] 換句話説，當中並不是要以公共設施來
換取興建商用大廈。

　　然而，根據 1979 年 11 月長春社和香港文物學會向港
府環境保護科提交報告的詳細分析，城市設計處的回應可
説是詭辯。因為上述將公共運輸站設在小山用地的建議在
1977 年 9 月才在新修訂尖沙咀分區制大綱草圖 LK 1/56A 加
入，這實際違反了市政局在 1974 年至 1975 年對 1967 年通過
的尖沙咀分區制大綱草圖 LK 1/44 內在尖沙咀西南，即天星
碼頭、文化中心用地和水警總部大樓及小山用地設立開放
空間的共識，更不要説上述 1967 年改為商住用途的決定，
這完全改變了總部大樓自 1884 年開始的政府／社區用途的
性質。政府建築師則指出在尖沙咀東部和九龍公園的開放
空間能夠改善部分尖沙咀西南缺乏行人開放空間的説法，
但在兩個組織的角度來看，都是缺乏説服力的。此外，運
輸署上述的説法亦與該署其後發表的交通研究白皮書相矛
盾。該白皮書預期，1980 年代初地鐵開通後，將減少現時
尖沙咀區內繁忙街道重疊的巴士路線，而地鐵通車後，天
星小輪的載客量可能大減 75%，使之在十年內無法回復至
現今的水平。換言之，天星碼頭巴士總站的規模已經可以
應付未來的需要有餘，無須打水警總部大樓用地的主意。[96]

然而，利益衝突的可能性仍未能完全消除，1979 年，總部大樓及小山用地被市場估值為 2.5 億港元。[97] 關注香港社會政策的學者 Peter Hodge 便指出，霍士傑（H.M.G. Forsgate）作為市政局規劃及發展委員會主席，在決定第二代水警總部大樓及小山規劃方案的會上，就重新發展上述用地為商住綜合大樓及巴士總站申報利益。Hodge 認為單這樣做並不足夠，並質問「為何這些位置的人們不能辭任這些公職，以令他們全面地離開與這些發展相關的決策和規劃過程？」[98] Penn 呼應 Hodge 的意見，指出霍士傑作為九龍倉的總經理，其公司在上述用地附近擁有多塊地皮，當中存在的利益衝突實在值得關注。[99]

Archaeologo 並沒有着眼於利益衝突的問題，他再次炮轟城市設計處的回應，提出三點質疑：第一，在一處已有眾多商住發展，而且缺乏開放空間和綠化地帶的區域，為何當初將該用地改劃為商住用途？第二，既然在附近地方將會有地鐵站，在該用地興建公共交通總站的理據何在？現在從城市設計處的來函獲知，是運輸署署長在該用地改劃為商住用途後才提出興建交通運輸站，可見興建巴士總站不是剷平小山的首要原因。第三，當局有否考慮過保留和重修小山上有 93 年歷史的建築物？有沒有檢視這座建築物的結構是否完好？先撇除當局沒有考慮將該處闢為開放空間以改善尖沙咀南擁擠空間的思慮缺失，Archaeologo 認為令人震驚的是當局在拆卸 19 世紀的建築物、將樹木連根拔起和剷平整座山頭後興建巴士總站暨商業綜合大樓後，卻提出將現有的天星碼頭巴士總站發展為開放空間。這邏輯在中環城區的重建計劃已經出現：中環面積龐大的香港木球會草地被剷平後，建立石屎地面、長椅和園林點綴的公園。[100] 以人造的開放空間來取代原有天然和歷史悠久的人文景觀，顯然並不符合良好保育發展的邏輯。

　　Archaeologo 在 1979 年 9 月 17 日的讀者來函中就上述爭議作出總結：問題在於金錢與開放空間誰輕誰重。他指出該用地即使被劃為商住用途，不代表它必須售出並發展為商業或住宅大廈。他接着斷言根據普通的英文用法，商住用地可以在沒有向城市設計處申請的情況下，將該用地發展為開放空間、行人專用區、博物館、圖書館及任何政府建築物用途。這意見亦為香港文物學會成員秦維廉（William Meacham）所同意。[101] 換言之，當局堅定不將該用地發展為開放空間，可說是錢銀作怪。Archaeologo 引用市政局主席沙利士在同年 7 月 17 日的發言，代表他對當局的期望：「被任命處理土地用途事宜的人員，應該是（保護市區綠化地帶的）開明盟友，而非給予外界這樣的觀感：更關注公開拍賣官地超出紀錄的收益如何收入政府庫房。」[102]

　　社會人士，尤其是長春社和香港文物學會的努力引起了社會各界對保留第二代水警總部大樓和小山的關注。古物諮詢委員會在 1979 年 10 月的會議中表態支持保留總部大樓，認為該建築物有十分重要的歷史價值。市政局主席沙利士表態支持長春社保留總部大樓的呼籲，並表明整個市政局會努力將小山改造為公園。香港考古學會會長 B.V. Williams 表明保留小山的方案得到學會委員會成員的全面支持。香港歷史學會（Hongkong Historical Society）會長、聖保羅書院副校長 Geoffrey Emerson 強調總部大樓是香港歷史的一部分。時任香港歷史博物館館長的蒲國傑（B.A.V. Peacock）亦指出其他國家有不少將歷史建築物及其所在地改為公園的成功案例。當時研究香港歷史的學者施其樂神父（Rev. Carl Smith）、許舒（James Hayes）和自然學家杜華教授（L.B. Thrower）等亦支持保留水警總部大樓的。[103]

第二代水警總部大樓和小山的保育成為長期的抗戰，其拆卸及重建為巴士總站的行動雖然意外地因 1980 年代初香港經濟不景而暫停，但在保護尖沙咀火車站、水警總部大樓、香港會會所等歷史建築物的運動中的多次挫敗以及意見未受港府重視，加上需要與商界就保育和發展議題針鋒相對，都為香港文物學會中人帶來不少無力感。1983年，香港文物學會會長羅素便指出其無力感源於即使《古物古蹟保護條例》在 1976 年通過，但港府從來沒有認真對待該條例，更遑論動用條例賦予的權力去主動保護古蹟。尤其挫敗的是在 1970 年代末至 1980 年代初的短短三四年之間尤感挫敗，多座主要歷史建築物被拆卸，爭取保育歷史建築的雄心備受打擊，使學會的工作停頓了兩年時間，會員人數大減一半，曾考慮正式結束學會。[104]

即使是法定機構古物諮詢委員會也因為只有諮詢權而無法定行政權力，對於想保存具高歷史價值、但尤其屬私人物業的歷史建築物，則顯得無能為力。即使首任古物古蹟辦事處執行秘書白德博士（Dr. Solomon Matthew Bard）是香港大學考古隊創會會員，對香港歷史文化素有研究和同情，但也明言當局要保護歷史建築物存在十分嚴謹的準則：「保留歷史建築物是十分重要的，但不能單單因為它們漂亮或屬怡人之處」，「這需使用不少錢去保留一座建築物，尤其是當它屬於私人物業的時候，對於其放棄發展權的補償金可以十分可觀。因此，（保留它們）不是太可能實行的選項。」對於由政府擁有的歷史建築物如上環街市、位於干諾道中的海事處大樓等，雖然白德認為十分值得保留，但也無法阻止其被拆卸的命運。105

　　至 1987 年，因香港市區土地供應不足，加上水警總部將於 1993 年搬遷，售賣總部大樓 1.26 公頃的用地以進行重建再次提上日程，港府希望在 1991 年至 1992 年拆卸總部大樓。這不但提供發展地皮，據當時測量師估計，該地段每呎市值 20,000 港元，即整塊地皮的賣地收益至少高達 27 億港元。106 1990 年 3 月，古物諮詢委員會宣佈舊水警總部大樓為一級古蹟，並聲言如果該大樓有任何被拆卸的風險，將毫不猶疑將之宣佈為法定古蹟。古諮會的決定迫使港府只能考慮圍繞舊水警總部大樓興建多層式辦公大樓的方案。1996 年 11 月 26 日，香港水警正式告別第二代水警總部，但港府對總部大樓的未來用途尚未有定案。107

　　為了發展旅遊業振興經濟，1999 年，政府成立小組進行「為香港旅遊業未來發展草擬策略計劃」，將舊水警總部包括在內。2003 年，香港特區政府將前水警總部舊址進行招標，發展為酒店、餐飲和零售的綜合旅遊設施，其後收到六份標書，最終長實集團以約 3.5 億港元投得項目，以 BOT（發展商興建，營運一定時間後轉交政府）形式獲批該地，年期達 50 年。對於決定哪一份標書奪標的準則，政府解釋共有四個評審準則：第一，文物保存能力；第二，創意及技術事宜；第三，經濟及旅遊效益；第四，向政府繳付款項的數額。四個準則的評分比重相等。這成為香港政府首個批予私人財團發展的古蹟項目。108

「價高者得」在增加政府賣地收益來說可能是無可厚非的，但在批出古蹟活化項目上則存在問題，不論是殖民地時代營造對香港的歸屬感還是今天特區政府推出「家是香港」的理念，這些都不能單以金錢作考量。2006 年 10 月 14 日，時任特首曾蔭權在《香港家書》指出：「無論旅行住的酒店有多豪華，總不及家裏舒適。我相信其中一個原因是我們的家⋯⋯滿載着我們同家人之間的親情、關懷和信任。」柯程欣因此引申，「家」包活個人化佈置、鄰里關係和整個社區的環境。將「家」的觀念放在舊水警總部，總部附近的老樹就是這「家」的「原居民」，總部大樓和其所在的山坡可說是這「家」的佈置。柯氏質問政府能否要求發展商少砍一棵樹、少削一片山坡及少拆一面牆壁？[109] 可是，以往圍繞水警總部的 192 棵石牆樹、百年細葉榕和朴樹等，只留下 23 棵。原為馬行走的古斜道亦被摧毀。1881 Heritage 只是保住水警總部建築，而完全失去整個建築遺址的歷史感。1881 Heritage 的保育方法實際上違反了國際保育指引《布拉約章》(Burra Charter) 中關於清拆任何影響文物佈局和與其歷史有關的元素皆不適當，而任何改動需符合可還原的原則之建議。[110]

資深記者陳惜姿引用港府 2001 年就中區警署建築群招標的諮詢文件，指出其發展脈絡與舊水警總部一樣：通過批出長期的發展權，這樣政府可以不費分文發展旅遊、保育舊建築物，以及獲得售賣發展權的收入，只要活化古蹟內沒有投注站和桑拿浴室便可以。[111] 發展商如何引入與歷史建築格格不入的高級商舖，政府不會置喙。長實可以通過發展貴價古蹟酒店「海利公館」(Hullett House) 而收回發展成本及盈利，關注公共工程的工程師黎廣德便認為這樣的古蹟發展模式導致「市民要花錢才可享用古蹟」，做法並不理想。[112]

　　林健強認為 1881 Heritage 將舊水警總部活化成為餐廳和購物商場並不理想，破壞了水警總部的原有格局和氛圍，他質疑香港政府保育古蹟的能力，認為政府十分短視，只看重短期發展。[113] 香港歷史建築專家李浩然指出，發展商移平山丘造成「無法還原」的損失，因為沒有山丘，當初水警總部就不會興建在此以達到向海港船隻報時的功能。此外，新建商場的欄杆完全照抄水警總部大樓的風格，是 1980 年代的保育手法，使人無法分辨新與舊。香港著名建築師嚴迅奇亦認同 1881 Heritage 使用了十分差的保護古蹟手法。他指出要活化古蹟，不妨加上現時的建築物，如在巴黎羅浮宮前興建玻璃金字塔，既不混淆舊有的建築部分，新建築的精巧細節也可以和古建築互相輝映。換言之，正如李浩然所指出，保育不一定是仿古，而應該創新，以創新設計保育文物建築，使新增部分與舊建築共同成為人們集體感情的投射所在。[114] 仿古可說是「商業化的懷舊」（commercialized nostalgia）。根據 Emily Keightley 的建議，懷舊不應只是推銷文化產品的元素，而是通過懷舊作為在公共領域提供另一種選擇或論述的資源，去挑戰現有的社會主流價值觀。[115] 換句話說，歷史建築的保育不應加強現有香港社會主流對發展的價值觀：價高者得和自負盈虧的商業勝利，相反應該考量提供商業利益外營造香港特有歷史感的人文風景和生活的可能性。

註釋

1. James W. Pennebaker and A. Gonzales, "Making History: Social and Psychological Processes Underlying Collective Memory," in *Memory in Mind and Culture*, ed. Pascal Boyer and James Wertsch (Cambridge, U.K.: Cambridge University Press, 2009), p. 186.

2. W.N. Chung, "'Banyan Democracy' Needed to Save Hongkong's Heritage," *South China Morning Post*, 10 July 1985, p. 14.

3. 〈不要衹在原則上接納〉,《華僑晚報》,1963 年 11 月 29 日,引自 HKRS70-4-94,香港政府檔案處;Planning Division, "Tsim Sha Tsui Redevelopment Plan: Explanatory Statement to Accompany Preliminary Planning Study," August 1963, HKRS115-1-177, 香港政府檔案處。

4. "A Tale of Three Cities," *South China Morning Post*, 22 April 1963, p. 10.

5. "Tsimshatsui Plan," *South China Morning Post*, 14 December 1965, p. 12.

6. 〈不要衹在原則上接納〉,《華僑晚報》,1963 年 11 月 29 日,引自 HKRS70-4-94,香港政府檔案處。

7. "Timshatusi Scheme being Readied," *Hong Kong Standard*, 20 April 1963, p. 5.

8. "Tsim Sha Tsui—Preliminary Planning Study," 5 November 1963, 香港社會發展回顧項目檔案,SEK-3A-087.

9. "Tsimshatsui Development Plan," *South China Morning Post*, 31 December 1963, p. 7; "School, Clinic, Museum: Kaifong Scheme for Tsimshatsui," *Hong Kong Standard*, 31 December 1963, p. 3.

10. Planning Division, "Tsim Sha Tsui Redevelopment Plan: Explanatory Statement to Accompany Preliminary Planning Study," August 1963, HKRS115-1-177, 香港政府檔案處。

11. From Yu Look-yau, to the Hon. Director of Urban Services, 25 May 1970, HKRS156-2-4538,香港政府檔案處。

12. 〈九龍威菲路兵房尚餘十六畝,建議興建大會堂〉,《華僑日報》,1973 年 10 月 3 日,頁 9。

13. "Extract from Urban Council Meeting, January 7, 1964," HKRS70-4-94,香港政府檔案處。

14. From Yu Look-yau, to the Hon. Director of Urban Services, 25 May 1970, HKRS156-2-4538,香港政府檔案處。

15. From A.T. Clark, to Yu Look-yau, 26 June 1970, HKRS156-2-4538，香港政府檔案處。

16. "Extract from U.C. Meeting on Tuesday, 1.2.66," HKRS70-4-94，香港政府檔案處。

17. "Tsimshatsui Development Comes under Fire," *The Star*, 15 March 1966, p. 3.

18. Town Planning Board, "Explanatory Statement: Kowloon Planning Area No. 1, Tsim Sha Tsui Outline Zoning Plan No. LK 1/56," June 1976, HKRS70-8-4844，香港政府檔案處。

19. "New Statutory Outline Use Zoning Plan for Tsim Sha Tsui: More Open Spaces to be Provided," 8 December 1967; "U.C. Meeting: Question No. 9 (2.2.71)," HKRS70-4-94，香港政府檔案處；〈尖沙咀紅磡間五十餘英畝地皮，闢最大商業住宅區〉,《華僑日報》，1974 年 9 月 5 日，第 3 張第 1 頁。到 1984 年,《尖沙咀分區制大綱草圖》涵蓋的土地面積增至 191 公頃，土地用途劃分為：商業及住宅（50.37 公頃）；政府、機構及社區（31.5 公頃）；開放空間（25.22 公頃）；其他指定用途（40.78 公頃）。參見 Town Planning Division, Lands Department, "Explanatory Statement: Kowloon Planning Area No. 1, Tsim Sha Tsui Outline Zoning Plan No. S/K1/1," April 1984, HKRS938-2-21，香港政府檔案處。

20. 〈尖沙咀火車站要設法保存，大鐘樓象徵九龍〉,《華僑日報》，1966 年 3 月 15 日，第 2 張第 1 頁。

21. "A Tsimshatusi Plaza," *South China Morning Post*, 4 January 1970, p. 8.

22. Jon Prescott, "Case for Conserving Old KCR Station," *South China Morning Post*, 24 November 1976, p. 9; From D.W. McDonald, to J.A. Prescott, 29 November 1976, HKRS310-2-9，香港政府檔案處。

23. Transit, "Historical Worth of KCR Terminus," *South China Morning Post*, 9 December 1976, p. 10.

24. From Yu Look-yau, to the Hon. Sir Denys Roberts, 6 May 1977, HKRS410-10-46-2，香港政府檔案處；From Yu Look-yau, to the Hon. Director of Urban Services, 25 May 1970, HKRS156-2-4538，香港政府檔案處。

25. "Memo: Tsim Sha Tsui Planning," 26 June 1970, HKRS156-2-4538，香港政府檔案處。

26. Susan A. Crane, "Writing the Individual Back into Collective Memory," *American Historical Review* 102: 5, (December 1997): 1381.

27. Thomas J. Anastasio, Kristen Ann Enrenberger, Patrick Watson and Wenyi Zhang, *Individual and Collective Memory Consolidation: Analogous Processes on Different Levels* (Cambridge, Mass.: The MIT Press, 2012), p. 252; James Wertsch, "Collective Memory," in *Memory in Mind and Culture*, ed. Pascal Boyer and James Wertsch (Cambridge, U.K.: Cambridge University Press, 2009), p. 125.

28. Stuart R. King, "Not too Late for a Second Thought," *South China Morning Post*, 13 June 1977, p. 14.

29. "Urbco Reaffirms Its Stand on the Complex," 3 May 1977, HKRS70-8-984，香港政府檔案處。

30. From the Hong Kong Heritage Society, to Sir Murray MacLehose, 29 July 1977, HKRS310-2-9，香港政府檔案處。

31. "Station of Focus of Debate," *Reading Eagle*, 16 June 1977, p. 21; Neil Perera, "Tsimshatsui Clocktower a Dominating Feature for 63 Years," *South China Morning Post*, 22 July 1979, p. 12.

32. From the Hong Kong Heritage Society, to Sir Murray MacLehose, 29 July 1977, HKRS310-2-9，香港政府檔案處。

33. 林健強的訪問；訪問者：嘉柏權、陳諾婷，2017 年 9 月 13 日。

34. "Should Govt Pull Down Tsimshatsui Station to Build Cultural Complex," *The Star*, 13 November 1975, cited in HKRS70-6-377-1, Hong Kong Government Records Service.

35. "Station of Focus of Debate," *Reading Eagle*, 16 June 1977, p. 21.

36. "Farewell to an Old Friend," *The Hong Kong Standard*, 14 May 1977, p. 8.

37. Alan Chalkley, "Down with all the Fake Heritage!" *South China Morning Post*, 14 June 1978, p. 10.

38. From the Hong Kong Heritage Society, to Sir Murray MacLehose, 29 July 1977, HKRS310-2-9，香港政府檔案處。

39. 同上註。

40. D.B. Simpson, ". . . and Goodbye KCR Station," *South China Morning Post*, 14 June 1978, p. 10.

41. Gloria Barretto, "Will Tower Stand Alone?" *The Hong Kong Standard*, 13 June 1978, p. 8; Gloria Barretto, "Clocktower May be Courting Dire Fate," *South China Morning Post*, 13 June 1978, p. 16; "Memo: Letters to the Editor, K.C.R. Station Building Clock Tower," 13 June 1978, HKRS310-2-9，香港政府檔案處。

42. From the Hong Kong Heritage Society, to Sir Murray MacLehose, 29 July 1977, HKRS310-2-9，香港政府檔案處。

43. 同上註。

44. From R.E. Gregory, to Urban Planning Office Urban, 12 July 1974, HKRS1689-1-106，香港政府檔案處。

45. 〈時裝節今開幕〉，《工商晚報》，1977 年 3 月 5 日，第 2 頁；From Nancy Nash, Hong Kong, to R.D. Pope, Hong Kong, 1 February 1977; "Cheerful Farewell to Hong Kong's Old Railway Station," 3 February 1977, HKRS310-2-9，香港政府檔案處；"Chest Would Benefit by $ 10,000 if . . . ," *The Hong Kong Standard*, 4 February 1977, p. 6.

46. "Memo: Former KCR Station at Tsim Sha Tsui," 26 April 1977, HKRS310-2-9，香港政府檔案處。

47. "Tsim Sha Tsui Clock Tower to be Retained Temporarily," 24 May 1977, HKRS70-8-984，香港政府檔案處。

48. 〈尖沙咀鐘樓，新裝古貌留〉，《成報》，1979 年 5 月 28 日，引自 HKRS70-8-984，香港政府檔案處。

49. From S.M. Bard, to Director of Public Works, 14 March 1978, HKRS310-2-9，香港政府檔案處。

50. From United Construction Co., to Urban Services Department, 22 June 1978, HKRS310-2-9，香港政府檔案處。拆卸並保留下來的古典圓型支柱原本計劃安放在尖沙咀巴士總站搬遷後變成的行人廣場內，但最終巴士總站沒有搬至原來建議的第二代水警總部原址，於是移放在市政局百週年紀念公園內。原建議參見"Memo: Former KCR Station at Tsim Sha Tsui," 26 April 1977, HKRS310-2-9，香港政府檔案處。

51. 〈尖沙咀東部休憩網，設立古典圓型支柱〉，《市政局新聞公報》，1983 年 2 月 2 日，HKRS70-8-4843，香港政府檔案處。

52. 〈火車站明夏遷往紅磡，文娛館尖沙咀興建，設博物美術太空館〉，《星島日報》，1974 年 3 月 8 日，頁 20。在 1985 年前，香港文化中心在不同的報章報道和政府文件中有不同的中文稱號，包括：九龍文化中心、文化中心、文娛中心、文娛館、文化館、文化宮等。英文名稱則統一為 Cultural-Complex。

53. 〈市政局決心興建文娛中心〉，《華僑晚報》，1974 年 12 月 19 日，引自 HKRS70-6-377-1，香港政府檔案處。在 1969 年 11 月 28 日市政局的會議上，市政局議員簡日淦便提出在尖沙咀火車站原址興建會議中心，以解決當時香港缺乏適合舉行國際性會議場地的問題。參見〈適合國際性會議需要，建議興建會議中心〉，《華僑日報》，1969 年 11 月 29 日，第 3 張第 4 頁。

54. From the Hong Kong Heritage Society, to Sir Murray MacLehose, 29 July 1977, HKRS310-2-9，香港政府檔案處；"What the Star Thinks: Let Our Men Have a Go!" *The Star*, 16 June 1975, cited in HKRS70-6-377-1, Hong Kong Government Records Service.

55. "Urban Council Rules out Architectural Contest for Cultural Complex," Press Release, Urban Council, 4 June 1975, HKRS70-6-377-1，香港政府檔案處；"The Tsinshatsui of Tomorrow——Ugh!" *South China Morning Post*, 15 August 1973, p. 2.

56. "(2) Mr. John Mackenzie to Ask," U.C. Meeting: Question No. 2 (15.10.74), HKRS70-6-377-1，香港政府檔案處。

57. "City Hall Visitors See Model of Cultural Complex," *Press Release, Urban Council*, 31 December 1974, HKRS70-6-377-1，香港政府檔案處。

58. "Cultural Complex: A Marriage of Arts, Technology," 5 September 1985, HKRS70-9-270，香港政府檔案處。

59. *Press Release, Urban Council*, 26 September 1974; "Adviser on Planetarium Arrives from United States," *Press Release, Urban Council*, 8 January 1975, HKRS70-6-377-1，香港政府檔案處；〈太空館揭開自然的奧秘〉，《信報財經新聞》，1975 年 1 月 27 日。

60. Urban Council, "Holding of Lottery for Cultural Complex," 28 October 1975, HKRS70-6-377-1，香港政府檔案處；"No to Urbco's Use of Rail Site," *Hong Kong Standard*, 5 December 1975, p. 16; "What Do You Think of Lotteries which Help Finance Social Projects?" *The Star*, 23 October 1975, cited in HKRS70-6-377-1, Hong Kong Government Records Service.

61. "Speech by Mr. Peter P.K. Ng, at the Annual Convention Debate of the Urban Council on 14th January 1975," HKRS70-6-377-1，香港政府檔案處。

62. "Extract from the Speech of Mr. Wong Shiu-Cheuck (M.B.E.) at the Urban Council Annual Conventional Debate," 16 January 1975, HKRS70-6-377-1，香港政府檔案處。

63. "Cultural Complex still under Study," *South China Morning Post*, 10 December 1974, p. 10.

64. "No to Urbco's Use of Rail Site," *Hong Kong Standard*, 5 December 1975, p. 16.

65. 〈尖沙咀火車總站明年遷紅磡後，興建文娛中心〉，《華僑日報》，1974 年 9 月 22 日，頁 6。

66. From the Hong Kong Heritage Society, to Sir Murray MacLehose, 29 July 1977, HKRS310-2-9，香港政府檔案處。

67. 〈兩億建費無着，文化中心難產〉，《星島日報》，1975 年 2 月 25 日，頁 23；"Cultural Complex to Go into Cold Storage," *South China Morning Post*, 19 February 1975, p. 8.

68. "Question No. 2 (11.7.78) by Mrs. Elliot," and Urban Council, "Tsim Sha Tsui: Cultural Complex," 27 December 1978, HKRS70-8-984；Urban Services, "5U(G)/B74(1) Cultural Centre at Tsim Sha Tsui," HKRS310-2-9，香港政府檔案處。

69. 〈尖沙咀巴士站當局將改建〉，《工商晚報》，1958 年 4 月 1 日，第 4 頁。

70. "A.C.P.T. Gives Views on Redevelopment of Tsim Sha Tsui: To Make Sure Public Transport Operators Provided with Proper Facilities," 16 November 1963, HKRS70-4-94，香港政府檔案處。

71. "A Tsimshatusi Plaza," *South China Morning Post*, 4 January 1970, p. 8.

72. From Yu Look-yau, to the Hon. Director of Urban Services, 25 May 1970, HKRS156-2-4538，香港政府檔案處。

73. "SCMP (Attn. Mr. Barry Choi," 19 July 1977, HKRS70-8-4844，香港政府檔案處。

74. From the Hong Kong Heritage Society, to Sir Murray MacLehose, 29 July 1977, HKRS310-2-9，香港政府檔案處。香港古蹟學會由一群歐籍保育者創辦，由英國建築師 David Russell 擔任主席，成為呼籲保育尖沙咀火車站和後來香港會會所最重要的壓力團體之一。

75. "Old Station Sparks New Worries," *South China Morning Post*, 6 April 1976.

76. Environment Branch, "Public Transport Station at Tsim Sha Tsui," May 1977, HKRS1689-1-106，香港政府檔案處。

77. 〈建太空館用地，可望短期移交〉，《華僑日報》，1976 年 2 月 3 日，頁 6。

78. "Bus Services Frequency and Capacity," HKRS608-1-22，香港政府檔案處。

79. 尖碼之聲發起人陳嘉朗的訪問；訪問者：蔡思行，2018 年 3 月 1 日。陳嘉朗在聯合國教科文組織發表的會議論文為 "Our Fading Daily Life and It's History: The Demolition of the Origin of Public Transport in Hong Kong Tsim Sha Tsui Transport Interchange." 參

見 www.forumunescochair.upv.es/SIFU/XII_Hanoi_2009/en/abstracts/
html/135.html.

80. "The Men beyond the Waterfront," *South China Morning Post*, 6 June
1977, p. 11; "The Vanishing City: Marine Police Headquarters," *South
China Morning Post*, 8 May 1977, p. 9. 第二代水警總部的風球訊號
桅杆在 1903 年遷至訊號山。參見 "The Vanishing City: Signal Hill,"
South China Morning Post, 12 June 1977. p. 9. 時間球塔則在 1908 年
遷至訊號山，後來隨著收音機電訊的發達，其向航運業報時的功
能已逐漸失去實際意義。參見 "Hong Kong Then and Now: Water
Patrol Headquarters," *South China Morning Post*, 21 October 1979,
p. 12.

81. "95 Years on Centre Stage: Police Station Doomed?" *South China Morning
Post*, 18 November 1979, p. 12. 怡和洋行的六磅午炮在 1947 年由英
國皇家海軍轉贈，該大炮埋藏在海軍船塢內後被皇家海軍挖掘發
現。參見 MJW, "Gunning at a Legend," *South China Morning Post*, 22
September 1984, p. 14.

82. James Turner 的訪問；訪問者：Amelia Allsop，2010 年 11 月 17 日，
香港社會發展回顧項目。

83. Paul Dickinson 的訪問；訪問者：Amelia Allsop，2010 年 10 月 10 日，
香港社會發展回顧項目。1970 年代水警總部位於廣東道西面、佐
敦道渡輪碼頭南端。參見 Planning Branch, Crown Lands and Survey
Office, Public Works Department, "Kowloon Planning Area No. 1: Tsim
Sha Tsui Outline Zoning Plan No. LK 1/50, Tsim Sha Tsui Outline
Development Plan No. LK 1/51," July 1974, HKRS1689-1-106，香港
政府檔案處。

84. Ross Mitchell 的訪問；訪問者：Amelia Allsop，2010 年 11 月 30 日；
James Turner 的訪問；訪問者：Amelia Allsop，2010 年 11 月 17
日，香港社會發展回顧項目。

85. Ross Mitchell 的訪問；訪問者：Amelia Allsop，2010 年 11 月 30 日，
香港社會發展回顧項目。

86. "95 Years on Centre Stage: Police Station Doomed?" *South China Morning
Post*, 18 November 1979, p. 12.

87. Ever, Hopeful, "Plea to Save Another Historical Site," *South China
Morning Post*, 2 December 1976, p. 10. 實際上，第二代水警總部在
1981 年曾於前時間球塔設立內部的博物館，展示舊香港的照片、
輪船及帆船的模型，以及與水警歷史相關的物品，但由於水警總
部仍然運作，未能成為對外開放的博物館。參見 "Curtains Go up
on Revamped Tower," *South China Morning Post*, 29 August 1981, p. 8.

88. Ever Hopeful, "A Plea for Marine Police Station Hill," *South China Morning Post*, 15 August 1977, p. 12.

89. "Environmentalists Go on the Attack," *South China Morning Post*, 13 September 1979, p. 10.

90. Patricia Penn, "Keeping Our Heritage Green," *South China Morning Post*, 31 March 1977, p. 16.

91. "Environmentalists Go on the Attack," *South China Morning Post*, 13 September 1979, p. 10.

92. "Battle for Police Station Beings," *South China Morning Post*, 6 October 1979, p. 9.

93. Archaeologo, "Plea to Save Hill at Tsimshatsui," *South China Morning Post*, 5 March 1979, p. 15. 古物諮詢委員會成員鍾華楠看到 Archaeologo 一系列支持保育第二代水警總部大樓及小山的文章，認為他應是認識市政署或古物諮詢委員會工作內部情況多年的消息者。參見 W.N. Chung, " 'Banyan Democracy' Needed to Save Hongkong's Heritage," *South China Morning Post*, 10 July 1985, p. 14.

94. Archaeologo, "Another Plea to Save Hill at Tsimshatsui," *South China Morning Post*, 20 March 1979, p. 15; Archaeologo, "Planning Authority Silence Suspect," *South China Morning Post*, 14 April 1979, p. 9.

95. K.S. Kiernan, "How Tsimshatsui Site Will be Used," *South China Morning Post*, 11 May 1979, p. 14.

96. "Plea to Reprieve Tsimshatsui Hill," *South China Morning Post*, 8 December 1979, p. 2.

97. "Plan for a Major Facelift," *South China Morning Post*, 20 July 1977. P. 8.

98. Peter Hodge, "Interesting Light on Decision-Makers," *South China Morning Post*, 10 May 1978, p. 14.

99. Patricia Penn, "When the Truth is Complex," *South China Morning Post*, 10 June 1978, p. 9.

100. Archaeologo, "Flawed Logic on Tsimshatsui Hill," *South China Morning Post*, 21 May 1979, p. 16.

101. Archaeologo, "Question of Money v Open Space" *South China Morning Post*, 17 September 1979, p. 18; "Battle for Police Station Beings," *South China Morning Post*, 6 October 1979, p. 9. 秦維廉為香港著名考古學家，著作包括 *Rock Carvings in Hong Kong: An Illustrated and Interpretive Study* (Hong Kong: Christian Study Centre on Chinese Religion and Culture, 1976) 及 *Archaeology in Hong Kong* (Hong Kong: Heinemann, 1980) 等。

102. Archaeologo, "Question of Money v Open Space" *South China Morning Post*, 17 September 1979, p. 18.

103. "Fight to Conserve Police Station Gets more Support," *South China Morning Post*, 17 December 1979, p. 27.

104. "Marine Police Move on after 112 Years," *South China Morning Post*, 27 November 1996, p. 3; "Time up for Heritage Body," *South China Morning Post*, 2 December 1983, p. 1. 根據 2007 年 10 月香港特區政府發展局給立法會關於文物保育政策的簡介,《古物古蹟保護條例》只能提供一種保育方案:宣佈歷史建築物或遺址為法定古蹟。參見 Development Bureau, "Legislative Council Brief: Heritage Conservation Policy," (October 2007), p. 3.

105. W.N. Chung, "'Banyan Democracy' Needed to Save Hongkong's Heritage," *South China Morning Post*, 10 July 1985, p. 14; "Preservation Lobby Put into Perspective: Pressure Groups Getting Used to Losing Battles," *South China Morning Post*, 25 April 1982, p. 9.

106. "Old Police HQ Faces Demolition," *South China Morning Post*, 27 August 1987, p. 3; "Destiny of Historic Police HQ in Balance," *South China Morning Post*, 24 August 1988, p. 4.

107. "Historic Building Classified," *South China Morning Post*, 14 March 1990, p. 6; "Marine Police Move on after 112 Years," *South China Morning Post*, 27 November 1996, p. 3.

108. 葉蔭聰:〈保育其實是發展〉,《明報》,2010 年 6 月 13 日,頁 P04;〈長實 3.5 億奪前水警總部項目〉,《信報財經新聞》,2003 年 5 月 28 日,頁 P01;〈長實參與保育項目政府拒交代前水警總部延期竣工〉,《信報財經新聞》,2008 年 8 月 14 日,頁 P10。

109. 柯程欣:〈我們要一個怎樣的家〉,《蘋果日報》,2006 年 12 月 19 日,頁 A26。

110. 〈前水警總部移山拔樹專家批失真〉、〈榕樹置「花盆」葉量大減〉,《明報》,2009 年 4 月 12 日,頁 A10;*The Burra Charter: The Australia ICOMOS Charter for Places of Cultural Significance 1999* (Burwood: Australia ICOMOS Incorporated, 2000), p. 6.

111. 陳惜姿:〈無力・無情:一位區議員的保護古蹟經驗〉,《明報》,2006 年 8 月 4 日,頁 D06。

112. 〈長實參與保育項目政府拒交代前水警總部延期竣工〉,《信報財經新聞》,2008 年 8 月 14 日,頁 P10。歷史建築士紳化在沒有政府補貼、私人公司自負盈虧的情況下出現,另一例子是市區重建局在 2007 年重建「和昌大押」後便成一般市民難以負擔消費的高級英式酒吧的案例。參見林中偉：《建築保育與本地文化》（香港：中華書局，2015 年），頁 207–208。

113.　林健強的訪問；訪問者：嘉柏權、陳諾婷，2017 年 9 月 13 日。

114.　曹民偉：〈嚴迅奇：描劃未來城市〉，*am730*，2009 年 6 月 10 日，頁 M20–M21；〈保與不保？活化不活？思考香港舊建築的「生存」問題〉，《文匯報》，2011 年 5 月 21 日，頁 A22。

115.　Emily Keightley and Michael Pickering, *The Mnemonic Imagination: Remembering as Creative Practice* (New York : Palgrave Macmillan, 2012), p. 116.

結語

尖沙咀海濱
未來發展的方向

喜愛街頭表演 busking 的年青組合 FFeverie 認為尖沙咀最吸引人的地方應是維港兩岸的高樓大廈，是較外國更具特色的景點，他們說：「你去看明信片，宣傳片，都是這個海，其實這個是香港的傳奇」，世界上沒有那麼多地方可以容納不同類型的高樓大廈，而尖沙咀海濱的尖沙咀鐘樓、文化中心和太空館，各具不同的建築特色，是地標性的景點。[1] 如果尖沙咀海濱的景觀是屬於世界級的，為什麼近年來坊間對於尖沙咀海濱的發展方向有一定的爭議？當中最具爭議性的是尖沙咀海濱作為公共空間，其用途是否過於商業化，以及其主要服務遊客而忽略本地市民休閒康樂的需要。Watson 提出公共空間在城市中面對的挑戰：「每天被公共空間屬於污穢、污染、危險、空洞、同化和沒有特色的影像和故事所轟炸 —— 這些負面詞語可以罄竹難書 —— 我們因此撤退至家庭和朋友的私人王國，又或者我們可以承擔的文化消費的私有化王國內。」[2] 新世界集團重建包括星光大道在內的尖沙咀海濱的爭議，以及旺角行人專用區結束後「大媽歌舞團」移師尖沙咀海濱表演所引起的街頭秩序混亂，可說是公共空間使用權爭議的重要案例。本地／外地及私人企業／公權力的二元劃分是過度簡化了海濱發展和公平使用的問題，以下美國重建發展海濱的例案可以作為參考。

根據 Brown 在 2009 年對美國坦帕（Tampa）、三藩市（San Francisco）、聖地牙哥（San Diego）和費城（Philadelphia）四個港口城市在 1960 至 2000 年代重建發展海濱的研究，這四個港口城市的持份者都同樣爭論：究竟它們的海濱需要進行最高價值和效能的發展，還是作為重要的天然美景讓廣大公眾享受為佳。前者主要是私人發展商和官員的取態，而後者則是公眾一般視海濱為公有資產（public asset）的價值觀。實際上，這四個港口城市都面對同樣的發展脈絡：港口設施逐漸老化，港口業務不斷萎縮，所以私人發展商以至市政府有重大誘因重建發展這些港口設施所處的海濱地區，興建臨海高聳的酒店、公寓大廈或辦公大樓。在這些港口城市居住的居民，抗議這些發展破壞他們居所享有的海景景觀，又影響海水的水質等。他們的抗爭或成或敗，其中成功的例子在於結成不可能的聯盟：強調海濱非經濟價值的居民組織與在海濱仍然存在的港口業營運商，共同阻撓私人發展商重建發展海濱為旅遊或商業設施的計劃。這些聯盟提出的成功方案，是以歷史保育的元素活化港口碼頭的建築物，使之重新擁有商業上的活動價值。雖然最理想的情況是可以煞停發展計劃，將海濱變為公園，或次理想的情況只能保留三分之一的海濱作上述的活化用途，但這些事例可見保育組織與商業機構聯手合作是其中一個成功的關鍵。[3]

　　Brown 另一項有趣的觀察在於上述四個港口城市管理港口的港口局（port authority）在重建發展海濱（waterfront redevelopment）的角色，這些港口局都有獨立的地位，與其所屬城市的城市發展部門無涉，這可以導致三個不同的狀況：第一，港口局長期抗拒重建發展海濱的壓力，以至最終才發現因海濱用地已成為貴重地皮，使之成為事實上的重建發展機構；第二，港口局既從事貨輪上落貨的本業，同時不抗拒發展海濱作為郵輪和娛樂的用途，但將之放在次要的位置，而事實上會以後者的盈利補助前者的營運開支；第三，港口局完全適應了重建發展海濱機構的角色，既保留港口的外殼，但骨子裏是徹頭徹尾的地產發展商，以至去到一個極端，使人會質疑在這獨立王國主導下，「究竟哪裏才是港口地區的終結及城市範圍的開始？」[4]

Brown 亦注意到重建發展海濱面對的幾個問題：第一，斬件式發展較事先規劃更容易達至海濱多元化的發展，但亦出現項目和選址的問題，以及發展部門傾向興建商場、會議中心和賭場等容易賺取租金的項目；第二，居民組織一般反對主要服務外地遊客的設施如酒店和主題樂園等的發展項目，因他們認為這會奪取了原屬他們的海濱資源，同時這些項目缺乏本地或海港的元素。然而，如果純粹着重歷史保育或海港的元素，在財政收益上又難以取得平衡；第三，在 1970 年代前，港口局以獨立王國的自主形式發展港口業是可行的，但到了它們需要管理重建發展港口設施所處的海濱時，在公眾的責難和自主性下降的情況下，未能很好適應新的形勢。[5]

Brown 對美國案例的分析未必能夠完全適用於尖沙咀海濱的歷史和現實情況，但仍有重要的參考價值。尖沙咀海濱同樣在 1960 至 1970 年代開始由港口業（九龍倉和藍煙囪貨倉碼頭）、運輸業（尖沙咀火車站）這些公用事業發展為私人商場和辦公大樓（海港城和新世界中心）、政府管理的文康設施（太空館、文化中心、藝術博物館）及私人管理的歷史建築活化項目（1881 Heritage），不同的是，尖沙咀海濱一開始並沒有統一的機構去主導整個尖沙咀海濱的發展計劃，而是首先通過私人企業的發展眼光，或對港口設施進行轉型，既有海港的元素（如海運大廈既有郵輪泊位，在 1970 年代仍有原來貨運業的設施），同時也有商業的增值（如海運大廈商場和海洋中心辦公大樓）；又或者原來港口營運商售出港口海皮，由新投資者重建發展（如太古洋行將藍煙囪貨倉碼頭用地售予新世界集團），這些都較缺乏創新思維的港口局或有業界利益纏身的港口設施營運商，更靈活地發展海濱用地。另一方面，尖沙咀海濱亦有與港口業無涉的公權力（如市政局）、居民組織（如尖沙咀街坊福利會）和保育組織（如長春社等）參與舊尖沙咀火車站及舊水警總部的發展規劃和討論，在定下這些海濱貴重地皮屬於公有資產的情況下，盡量使之成為服務市民遊客的文康設施和公共空間。在這樣的背景下，尖沙咀海濱從 1960 年代至今意外地有着相對多元化的發展，沒有美國案例般長期發展停滯不前，或高度商業化致完全失去海港元素的情況出現。海濱重建發展要成功，商業元素的投入無可厚非。然而，一個香港，只有一段尖沙咀海濱。香港並不缺乏海濱，中環、香港仔、鰂魚涌、紅磡、觀塘、大埔、白石角和屯門海濱比比皆是，但尖沙咀海濱的特別之處在於多元化：商業消費（海港城、Victoria Dockside）、對外郵輪交通（海運大廈碼頭）、渡海交通（天星碼頭和九龍公眾碼頭）、文娛設施（文化中心、藝術博物館、藝墟）、旅遊景點（星光大道）和康樂設施（尖沙咀海濱長廊），這不能因為近年來公共空間和私人企業主導發展情況而輕易抹殺。在營造尖沙咀海濱作為旅遊風景線的同時，如何照顧市民使用海濱作為非消費形式的自主康樂和街頭表演的日常生活需要，以致好好保留尖沙咀海濱作為香港海港歷史活化石的證據和推廣，將需要公私機構與不同持份者共同努力。

註釋

1. 街頭表演樂隊 FFeverie 的訪問；訪問者：蔡青慧，2018 年 6 月 16 日。

2. Sophie Watson, *City Publics: The (Dis)enchantments of Urban Encounters* (London: Routledge, 2006), p. 8.

3. Peter Hendee Brown, *America's Waterfront Revival: Port Authorities and Urban Development* (Philadelphia: University of Pennsylvania Press, 2009), pp. 121–123.

4. 同上註，pp. 123–126.

5. 同上註，pp. 128–129, 133–134.

參考資料及書目

一、香港政府檔案處檔案

"(2) Mr. John Mackenzie to Ask. U.C. Meeting: Question No. 2 (15.10.74)." HKRS70-6-377-1.

"A.C.P.T. Gives Views on Redevelopment of Tsim Sha Tsui: To Make Sure Public Transport Operators Provided with Proper Facilities." 16 November 1963. HKRS70-4-94.

"Adviser on Planetarium Arrives from United States." *Press Release, Urban Council.* 8 January 1975. HKRS70-6-377-1.

"Bus Services Frequency and Capacity." HKRS608-1-22.

"Cheerful Farewell to Hong Kong's Old Railway Station." 3 February 1977. HKRS310-2-9.

"City Hall Visitors See Model of Cultural Complex." *Press Release, Urban Council.* 31 December 1974. HKRS70-6-377-1.

"Cultural Complex: A Marriage of Arts, Technology." 5 September 1985. HKRS70-9-270.

"Cultural Complex/Space Museum (Tsim Sha Tsui)." HKRS70-8-984.

"Cultural Complex, Tsim Sha Tsui, 1973-1975." HKRS70-6-377-1.

"Development of Tsim Sha Tsui District: Proposals on Future Land Use, Communication Patterns Prepared by Town Planning Board." 10 December 1965. HKRS70-4-94.

"Draft Press Release: Public Reclamation and Works Ordinance, Proposed Reclamation for Cultural Centre at Tsim Sha Tsui." 11 July 1977. HKRS70-8-985.

"Draft Tsim Sha Tsui Outline Zoning Plan Amended," 29 October 1982, HKRS70-8-4843.

"Extract from the Speech of Mr. Wong Shiu-Cheuck (M.B.E.) at the Urban Council Annual Conventional Debate." 16 January 1975. HKRS70-6-377-1.

"Extract from U.C. Meeting on Tuesday, 1.2.66." HKRS70-4-94.

"Extract from Urban Council Meeting, January 7, 1964." HKRS70-4-94.

"Kowloon Realty Company Limited: Particulars of Directors as on the 28th Day of December 1962." Companies Registry.

"Memo: Former KCR Station at Tsim Sha Tsui." 26 April 1977. HKRS310-2-9.

"Memo: Letters to the Editor, K.C.R. Station Building Clock Tower." 13 June 1978. HKRS310-2-9.

"Memo: Public Reclamations and Work Ordnance: Proposed Reclamation for Cultural Centre at Tsim Sha Tsui." 4 July 1977. HKRS70-8-985.

"Memo: Tsim Sha Tsui Planning." 26 June 1970. HKRS156-2-4538.

"New Museum to Feature Four Exhibitions of Local Interest." 21 March 1975. *Press Release, Urban Council*. HKRS70-6-377-1.

"New Statutory Outline Use Zoning Plan for Tsim Sha Tsui: More Open Spaces to be Provided." 8 December 1967. HKRS70-4-94.

"No. 449: Regulations Made by the Governor-in-Council under the Licensing Ordinance, 1887, (Ordinance No. 8 of 1887), this 19th Day of July, 1909." *The Hong Kong Government Gazette*, 23 July 1909.

"Notes of Meeting between Government Departments and Developers of East Tsim Sha Tsui at the Tsui Hang Village Restaurant Holiday Inn Habour View on 12.5.82 at 3 p.m." HKRS608-1-28.

"Proposed Ferry Pier in Connection with Railway Terminal Station at Tsimshatsui." HKRS58-1-41-21.

"Question No. 2 (11.7.78) by Mrs. Elliot." HKRS70-8-984.

"SCMP (Attn. Mr. Barry Choi)" 19 July 1977. HKRS70-8-4844.

"Speech by Mr. Peter P.K. Ng, at the Annual Convention Debate of the Urban Council on 14th January 1975." HKRS70-6-377-1.

"Tsim Sha Tsui Clock Tower to be Retained Temporarily." 24 May 1977. HKRS70-8-984.

"Tsim Sha Tsui Development." HKRS70-4-94.

"Tsim Sha Tsui Development, 1973-1975." HKRS70-7-564-1.

"Tsim Sha Tsui Development, 1980-1983." HKRS70-8-4843.

"U.C. Meeting: Question No. 9 (2.2.71)." HKRS70-4-94.

"Urban Council Rules out Architectural Contest for Cultural Complex." *Press Release*. Urban Council. 4 June 1975. HKRS70-6-377-1.

"Urbco Reaffirms Its Stand on the Complex." 3 May 1977. HKRS70-8-984.

Environment Branch. "Public Transport Station at Tsim Sha Tsui." May 1977. HKRS1689-1-106.

F.D. Roome, "Notice of Intention to Grant a Lease of Foreshores and Sea Bed," 5 November 1982, HKRS938-2-21.

From A.T. Clark, to Chief Planning Officer, District Planning Division, CL & SO. 10 December 1970. HKRS1689-1-105.

From A.T. Clark, to Chief Planning Officer, District Planning Division, CL & SO, 19 May 1971, HKRS1689-1-105.

From A.T. Clark, to Yu Look-yau. 26 June 1970. HKRS156-2-4538.

From D.W. McDonald, to J.A. Prescott. 29 November 1976. HKRS310-2-9.

From D.R. Semple, to Urban District Planning Division, T.P.O. 8 July 1974. HKRS1689-1-106.

From J.H. Pain, to the Hon. Sir Denys Roberts. 6 April 1978. HKRS608-1-22.

From John Luk, to Highway Office, Government Branch Office, Public Works Department. 18 September 1981. HKRS608-1-26.

From Nancy Nash, Hong Kong, to R.D. Pope, Hong Kong. 1 February 1977. HKRS310-2-9.

From R.A. Nissim, to Principal Government Town Planner. 23 March 1979. HKRS608-1-23.

From R.E. Gregory, to Chief Planning Office Urban Council. 10 August 1974. HKRS1689-1-106.

From R.E. Gregory, to Urban Planning Office Urban. 12 July 1974. HKRS1689-1-106.

From S.M. Bard, to Director of Public Works. 14 March 1978. HKRS310-2-9.

From the Hong Kong Heritage Society, to Sir Murray MacLehose. 29 July 1977. HKRS310-2-9.

From United Construction Co., to Urban Services Department. 22 June 1978. HKRS310-2-9.

From Yu Look-yau, to the Hon. Director of Urban Services. 25 May 1970. HKRS156-2-4538.

From Yu Look-yau, to the Hon. Sir Denys Roberts. 6 May 1977. HKRS410-10-46-2.

Lui Che Woo. "Points for Discussion with Mr. G. Barnes, Regional Secretary (Hong Kong and Kowloon), City and N.T. Administration." 7 June 1982, HKRS608-1-28.

Ng Chin Man & Associates. "A Study Report on Carparking Systems, Commercial Carpark Building Tsim Sha Tsui East, KIL 10647." 21 July 1981. HKRS608-1-25.

Planning Branch, Crown Lands and Survey Office, Public Works Department, "Kowloon Planning Area No. 1: Tsim Sha Tsui Outline Zoning Plan No. LK 1/50, Tsim Sha Tsui Outline Development Plan No. LK 1/51." July 1974. HKRS1689-1-106.

Planning Division. "Tsim Sha Tsui Redevelopment Plan: Explanatory Statement to Accompany Preliminary Planning Study." August 1963. HKRS115-1-177.

Press Release, Urban Council, 26 September 1974. HKRS70-6-377-1.

Town Planning Board. "Explanatory Statement: Kowloon Planning Area No. 1, Tsim Sha Tsui Outline Zoning Plan No. LK 1/56." June 1976. HKRS70-8-4844.

Town Planning Division, Lands Department. "Explanatory Statement: Kowloon Planning Area No. 1, Tsim Sha Tsui Outline Zoning Plan No. S/K1/1." April 1984. HKRS938-2-21.

Transport Department, "Traffic and Transport Arrangements in Tsim Sha Tsui East." July 1982. HKRS608-1-28.

Urban Council, "Tsim Sha Tsui: Cultural Complex." 27 December 1978. HKRS70-8-984.

Urban Council. "Holding of Lottery for Cultural Complex." 28 October 1975. HKRS70-6-377-1.

Urban Services. "5U(G)/B74(1) Cultural Centre at Tsim Sha Tsui." HKRS310-2-9.

城市設計處：〈城市設計九龍第一區尖沙咀分區計劃大綱圖 LK 1/56 號圖則說明書〉，1976 年 6 月，HKRS70-8-4844。

〈東尖沙咀區轉變迅速〉，1982 年 12 月 7 日，HKRS70-8-4843。

〈尖沙咀東部休憩網，設立古典圓型支柱〉，《市政局新聞公報》，1983 年 2 月 2 日，HKRS70-8-4843。

尖沙咀街坊福利會理事長吳多泰、監事長曾正致旺角民政主任李宏威，1982 年 2 月 4 日，HKRS410-10-46-2。

旺角民政專員王英偉致尖沙咀街坊福利會理事長吳多泰函，1982 年 4 月 30 日，HKRS410-10-46-2。

鄭毛寶裳致運輸署泊車組執事主任，1981 年 4 月 1 日，HKRS608-1-25。

二、香港社會發展回顧項目檔案

Jon A. Prescott, "Summary of Suggested Principles Applicable to Broad Layout of Ocean Terminal Complex Based on Interviews and Visits of Jon A. Prescott in the U.S.A. and Canada, November/December 1963," SEK-6-294, A04/24.

SEK-6-037, The Hongkong and Kowloon Wharf and Godown: Amalgamation with China Provident Co.

SEK-6-038, The Hongkong and Kowloon Wharf and Godown: Ocean Terminal, Hong Kong

SEK-6-039, The Hongkong and Kowloon Wharf and Godown: K.M.L. 91

SEK-3A-087, SEK-3A-087

三、報章及雜誌

《大公報》（1955、1958、1960、1963、1965、1968、1973、1975、1977、1979、1981–1984、1986、1988、2015 年）

《工商晚報》（1935、1954–1955、1958、1961、1965、1974–1975、1977–1978、1980–1981 年）

《文匯報》（1980、2003、2007、2011、2016–2017 年）

《成報》（2013、2016–2018 年）

《東方日報》（2013 年）

《明報》（1974、2002、2006、2009–2010、2012–2015 年）

《星島日報》（1963、1974–1975、1979、1982、2006、2015、2017 年）

《香港 01 周報》（2018 年）

《香港工商日報》（1962、1965、1975、1979、1981–1983 年）

《香港日報》（1942 年）

《香港商報》（2004、2009 年）

《香港經濟日報》（2006–2007、2015 年）

《信報財經新聞》（1975、2003、2006、2008、2010、2014–2015 年）

《都市日報》（2018 年）

《晴報》（2013 年）

《華僑日報》（1955–1956、1958–1959、1963、1965–1970、1973–1988、1990 年）

《華僑日報香港年鑑第 15 回》，（香港：華僑日報，1962 年）

《華僑日報香港年鑑第 42 回》，（香港：華僑日報，1989 年）

《新女性》（1968 年）

《新報》（2001、2004、2012–2013 年）

《頭條日報》（1963、2013、2015、2017 年）

《蘋果日報》（2006–2007、2013、2018 年）

am730（2009）

MetroPop（2018）

Reading Eagle (1977)

South China Morning Post (1962–1963, 1965, 1970, 1973–1979, 1981–1985, 1987–1988, 1990, 1996)

The China Mail (1897, 1906, 1922, 1927, 1941, 1973)

The Hong Kong Daily Press (1886, 1927, 1929, 1941)

The Hong Kong Standard (1963, 1974–1975, 1977–1978, 1980, 1982)

The Hong Kong Telegraph (1910, 1913–1915, 1924, 1927–1928, 1937, 1941)

The Hong Kong Weekly Press (1906)

The Star (1966, 1975)

U Magazine（2013）

四、旅遊指南

平岩道夫：《香港マカオ台灣の旅》。大阪：保育社，1971 年。

Hoffman, Walter K. *A-0-A Hong Kong Guide Book*. Hong Kong: Park Hotel, 1965.

Hoffman, Walter K. *A-0-A Hong Kong Guide Book*. Hong Kong: Sheraton-Hong Kong Hotel, 1978.

Hong Kong Destination Guide, vol. 1, No. 1. Hong Kong: The Hong Kong Tourist Association, 1974.

Hong Kong Tourist Directory (1985).

September Hong Kong Official Guide. Hong Kong: The Hong Kong Tourist Association, 1971.

五、書籍及期刊文章

〈公共空間的概念〉，拓展公共空間網頁，www.hkpsi.org/chi/publicspace/concepts/（2018 年 8 月 7 日瀏覽）。

王崇熙、舒懋官編：《嘉慶新安縣志》。台北：成文出版社，1974 年。

林中偉：《建築保育與本地文化》。香港：中華書局，2015 年。

高添強、黎健強：《彩色香港，1940s–1960s》。香港：三聯書店，2013 年。

張偉國：〈中英鴉片戰爭的引發點 —— 尖沙咀村考實〉，載林啟彥、朱益宜編：《鴉片戰爭的再認識》。香港：中文大學出版社，2003 年，頁 99–113。

黃夏柏：《香港戲院搜記：歲月鈎沉》。香港：中華書局，2015 年。

蔡思行：《玩讀香港：西方視野中的香港》。香港：天地圖書，2018 年。

Anastasio, Thomas J. Kristen Ann Enrenberger, Patrick Watson and Wenyi Zhang, *Individual and Collective Memory Consolidation: Analogous Processes on Different Levels*. Cambridge, Mass.: The MIT Press, 2012.

Brown, Peter Hendee. *America's Waterfront Revival: Port Authorities and Urban Development*. Philadelphia: University of Pennsylvania Press, 2009.

Carmona, Matthew, Claudio de Magalhães and Leo Hammond. *Public Space: The Management Dimension*. London: Routledge, 2008.

Chan, Leslie Ka-Long. "Our Fading Daily Life and It's History: The Demolition of the Origin of Public Transport in Hong Kong Tsim Sha Tsui Transport Interchange." Accessed Online from www.forumunescochair.upv.es/SIFU/XII_Hanoi_20 09/en/abstracts/html/135.html

Crane, Susan A. "Writing the Individual Back into Collective Memory." *American Historical Review* 102: 5 (December 1997): 1372–1385.

Development Bureau. "Legislative Council Brief: Heritage Conservation Policy." October 2007.

Doumpa, Vivian and Nick Broad. "Busking: Creating a Place One Performer at a Time," 6 May 2014. *Project for Public Spaces*. Accessed Online from www.pps.org/article/busking-creating-a-place-one-performer-at-a-time.

Johnson, David. *Star Ferry: The Story of a Hong Kong Icon*. Auckland: Remarkable View Ltd., 1998.

Keightley, Emily and Michael Pickering. *The Mnemonic Imagination: Remembering as Creative Practice*. New York: Palgrave Macmillan, 2012.

Kressel, Shirley. "Privatizing the Public Realm." *New Democracy Newsletter*, July–August 1998. Accessed Online from http://newdemocracyworld.org/old/space.htm.

Mitchell, Don. "Introduction: Public Space and the City." *Urban Geography* 17:2 (1996): 127–131.

Mitchell, Don. "The End of Public Space? People's Park, Definitions of the Public, and Democracy." *Annals of the Association of American Geographers* 85:1 (March 1995): 108–133.

Mitchell, Don, and Lynn A. Staeheli. "Clean and Safe? Property Redevelopment, Public Space, and Homelessness in Downtown San Diego." In *The Politics of Public Space*, edited by Setha Low and Neil Smith, 143–176. New York: Routledge, 2006.

Moss, Peter. *A Century of Commitment: The KCRC Story*. Hong Kong: Kowloon–Canton Railway Corporation, 2007.

Lofland, Lyn H. *A World of Strangers: Order and Action in Urban Public Space*. New York: Basic, 1973.

Nash, Suzanne. *Home and Its Dislocations in Nineteenth Century France*. Albany: State University of New York, 1993.

Pennebaker, James W. and A. Gonzales. "Making History: Social and Psychological Processes Underlying Collective Memory." In *Memory in Mind and Culture*, edited by Pascal Boyer and James Wertsch, 171–193. Cambridge, U.K.: Cambridge University Press, 2009.

The Burra Charter: The Australia ICOMOS Charter for Places of Cultural Significance 1999. Burwood: Australia ICOMOS Incorporated, 2000.

Turnel, Hatice Sonmez, Ipek Altug and Emine Malkoç True. "Evaluation of Elderly People's Requirements in Public Open Spaces: A Case Study in Bornova District (Izmir, Turkey)." *Building and Environment* 42 (May 2007): 2035–2045.

Valentine, Gill. *Public Space and the Culture of Childhood*. Aldershot, Hants: Ashgate, 2004.

Watson, Sophie. *City Publics: The (Dis) enchantments of Urban Encounters*. London: Routledge, 2006.

Whyte, W.H. *The Social Life of Small Urban Spaces*. Michigan: Edwards Brothers, 1980.

Wertsch, James. "Collective Memory." In *Memory in Mind and Culture*, edited by Pascal Boyer and James Wertsch, 117–137. Cambridge: Cambridge University Press, 2009.

六、口述歷史訪問

一茶軒周竹筠訪問；訪問者：蔡思行，2017 年 12 月 11 日。

文化中心管理員湯先生，訪問者：陳銘泗、許宇琪，2018 年 6 月 4 日。

王先生訪問；訪問者：蔡思行、嘉柏權、陳諾婷，2017 年 7 月 26 日。

市民謝頌文先生訪問；訪問者：許宇琪，2018 年 1 月 15 日。

尖碼之聲發起人陳嘉朗，訪問者：蔡思行，2018 年 3 月 1 日。

林健強訪問；訪問者：嘉柏權、陳諾婷，2017 年 9 月 13 日。

星光花園士多舖老闆阮小姐訪問；訪問者：蔡青慧，2018 年 6 月 24 日。

南亞商市民 Krishna Priya 訪問；訪問者：蔡青慧，2018 年 5 月 17 日。

海港城玩具製造商關先生訪問；訪問者：蔡青慧，2018 年 5 月 29 日。

海港城商舖售貨員 Iris 訪問；訪問者：蔡青慧，2018 年 5 月 29 日。

海港城商舖售貨員 Kathran 訪問；訪問者：蔡青慧，2018 年 8 月 10 日。

海港城清潔管理人員李先生訪問；訪問者：蔡青慧，2018 年 5 月 28 日。

報販麥先生訪問；訪問者：蔡青慧，2018 年 9 月 21 日。

街頭表演樂隊 FFeverie 訪問；訪問者：蔡青慧，2018 年 6 月 16 日。

遊客 Esther 訪問；訪問者：蔡青慧，2018 年 5 月 17 日。

遊客 Wendy Wen 訪問；訪問者：蔡青慧，2018 年 5 月 17 日。

澆花人員謝先生訪問；訪問者：蔡青慧，2018 年 5 月 29 日。

攝影師 Roy 訪問；訪問者：蔡青慧，2018 年 5 月 29 日。

藝墟攤檔火腿手工檔主 Yoyo 訪問；訪問者：蔡青慧，2018 年 6 月 10 日。

藝墟攤檔 Smile City 檔主 Kitman 訪問；訪問者：蔡青慧，2018 年 6 月 24 日。

藝墟攤檔 Straw & Aluminum Can Arts Creation 檔主何太訪問；訪問者：蔡青慧，2018 年 6 月 24 日。

James Turner 訪問；訪問者：Amelia Allsop，2010 年 11 月 17 日，香港社會發展回顧項目。

Paul Dickinson 訪問；訪問者：Amelia Allsop，2010 年 10 月 10 日，香港社會發展回顧項目。

Ross Mitchell 訪問；訪問者：Amelia Allsop，2010 年 11 月 30 日，香港社會發展回顧項目。